그리스도와 연합된 천상적 교회가 가진
영광스러운 교회의 소망

Originally published under the title of
"Lectures on the Hopes of the Church of God",
by John Nelson Darby
Copyright©Les Hodgett, Stem Publishing
7 Primrose Way, Cliffsend, Ramsgate, Kent, U.K.

Korean translation copyright
ⓒ 2011 by Brethren House, Korea
All rights reserved

그리스도와 연합된 천상적 교회가 가진
영광스러운 교회의 소망
ⓒ형제들의 집 2011

초판 발행 • 2011.4.30
지은이 • 존 넬슨 다비
옮긴이 • 문 영 권
홍보및마케팅 • 김 철 회(011-348-7685)
발행처 • 형제들의집
판권ⓒ형제들의집 2011
등록 제 7-313호(2006.2.6)
Cell. 010-9317-9103
홈페이지 http://brethrenhouse.co.kr
E-mail: maskil@freechal.com
ISBN 978-89-93141-38-2 03230

*값은 뒤표지에 있습니다.
*잘못된 책은 바꿔드립니다.
*서점공급처는 〈생명의말씀사〉 입니다. 전화(02) 3159-7979(영업부)

그리스도와 연합된 천상적 교회가 가진
영광스러운 교회의 소망

존 넬슨 다비 지음 | 문영권 옮김

형제들의 집

차례

역자서문 ··· 9
CHAPTER 1 ● 베드로후서 1장 ································ 15
CHAPTER 2 ● 에베소서 1장 ····································· 27
CHAPTER 3 ● 사도행전 1장 ····································· 46
CHAPTER 4 ● 누가복음 20장 ··································· 72
CHAPTER 5 ● 다니엘 2장 ··· 96
CHAPTER 6 ● 다니엘 7장 ······································· 125

CHAPTER 7 ● 시편 82편·······················156
CHAPTER 8 ● 로마서 11장······················181
CHAPTER 9 ● 에스겔 37장······················203
CHAPTER 10 ● 이사야 1장······················228
CHAPTER 11 ● 요한계시록 12장················248
미주··280

존 넬슨 다비의

그리스도와 연합된 천상적 교회가 가진

영광스러운 교회의 소망

"우리는 성경의 예언을 연구함으로써 우리 자신을 세상으로부터 거룩히 구별시킬 능력을 얻을 뿐만 아니라 하나님의 속성과 아울러 우리를 향해 역사하시는 하나님의 섭리와 경륜을 배운다."

__존 넬슨 다비

역자서문

세대적인 성경예언 연구의 서막을 알린 기념비적인 제네바 설교!

이 책은 존 넬슨 다비(1800-1882)가 1840년에 제네바에서 연속적으로 행했던 11회의 기념비적인 설교를 모은 것입니다. 교회사를 통해 볼 때 다비는 신약성경의 원리로 돌아가 교파적 장벽 없이 오직 그리스도의 이름으로 모이기 위해 19세기 전반기에 영국을 중심으로 일어났던 형제교회 운동(Brethren Movement)의 대표적인 지도자 가운데 하나였습니다. 이뿐 아니라 다비는 근세의 터툴리안이라는 이름을 얻기도 했던 당대의 가장 뛰어난 성경교사였고, 특히 성경의 예언연구에 있어서 당대의 다른 어떤 학자와도 비교할 수 없는 탁월한 업적을 나타내었습니다.

중세의 로마 가톨릭을 비롯해서 개신교의 종교개혁자들에 이르기까지 오랜 세월동안 대부분의 사람들은 하나님이 구약에서 유대인들에게 주셨던 약속들을 이제는 교회가 영적으로 이어받았다고 생각하고 있었습니다. 하지만 다비는 1840년에 제네바에서 공개적으로 행했던 연속된 설교를 통해 지상적 백성인 이스라엘의 소망은 이 땅에 관한 것이지만, 그리스도와 연합하여 함께 하늘에 앉아있는 교회의 소망은 전적으로 하늘에 속한 것임을 성경을 통해 명확하게 드러내었습니다. 다비는 제네바에서 행한 설교를 통해 이스라엘과 교회를 명확히 구분함으로써 하나님의 경륜을 세대적인 구분을 통해 이해하는 진리체계를 당대의 그리스도인들에게 제시함으로써, 기독교계에서 예언에 관한 연구에 불을 지피고 주님의 재림을 사모하는 분위기를 만들어 내는데 크게 기여했습니다. 다비가 제네바 설교를 통해 보여준 이러한 세대적 성경해석의 원리는 오늘날 우리들에 이르기까지 예언과 종말에 관한 말씀을 이해하기 위한 분명한 기준이 되고 있으며, 이런 의미에서 다비의 제네바 설교는 성경예언 해석의 전환점을 가져다 준 기념비적인 설교라고 할 수 있습니다. 이 책은 바로 이러한 다비의 제네바 설교를 책으로 옮긴 것입니다.

● 영광스러운 교회의 소망

특히, 이 책은 다비가 말로 행한 설교를 글로 옮긴 것이기 때문에 글로 바로 쓰여 졌던 기존의 저작에서 때로 볼 수 있었던 딱딱함을 벗어나 생동감 있는 그의 음성을 들을 수 있는 장점이 있다고 생각됩니다. 이 책에서 다비는 교회가 가진 참된 소망에 대해 아주 자세하고 친절하게 설명하고 있기 때문에, 다비의 글이 어렵다고 느꼈던 분들도 이 책을 쉽게 접할 수 있을 것입니다. 이 책을 통해 영광스러운 교회의 참된 소망에 대해 선포한 다비의 생생한 음성을 들어 보시기 바랍니다.

제네바 설교에서 다비는 하나님의 교회는 그리스도와 연합되어 그리스도께서 가지신 모든 천상적인 영광을 함께 누리는 자가 되었다고 역설했습니다. 교회는 이 땅에 발을 딛고 살아가지만, 참된 본향인 하늘을 바라보며 이 땅을 나그네로 살아갑니다. 하늘에 계신 주 예수님은 자신의 몸된 교회를 하늘로 이끄시기 위해 다시 오실 것입니다. 주님이 재림하시는 날은 하늘에 속한 교회로서는 하늘의 영광을 입으신 주님과의 참된 연합이 궁극적으로 실현되는 참으로 영광스러운 경험이 될 것입니다. 교회의 소망은 머리이신 그리스도와 진정으로 하나가 되는 바로 이 날에 있습니다.

이 집회에서 다비는 하나님의 교회란 그리스도의 생명을 받은 참된 하나님의 자녀들이며, 그들은 지금 그리스도와 생명 안에서 이미 하나로 연합되어 있기 때문에, 생명의 주인이신 주님께서 다시 오실 때 그분과 완전히 하나되는 경험을 하게 될 소망을 가지고 있다는 사실을 성경으로부터 입증해 보이고 있습니다.

다비는 일부의 그리스도인들이 가지고 있는 기대와 달리, 이 세상에는 악이 계속해서 발전하게 되고 마지막 날에 세속권력과 종교권력의 반역을 통해 정점에 이를 것이며 주님께서는 이 땅에 강림하셔서 이러한 반역자들과 세상의 불신자들을 심판하시고 이 땅에 천년왕국을 세우실 것이라는 사실을 성경을 통해 분명하게 밝히고 있습니다. 이러한 천년왕국은 하나님께서 이스라엘에게 주신 약속과 예언들이 문자적으로 실현되는 기간이 될 것입니다. 우리는 이스라엘과 관련된 예언들이 교회를 통해 영적으로 성취되는 것이 아니라 이 땅에서 미래에 완전하게 성취될 것이라고 믿을 수 있습니다. 그것은 하나님의 경륜으로 볼 때 참된 교회는 그리스도와 연합되어 함께 하늘에 앉아있는 천상적인 백성이므로 지상백성인 이스라엘과 분명히 구별되기 때문입니다. 이스라엘과 교회가 이처럼 분명하게 구분되는 것은 참된 교회는 그리스도와 연합되어 있는 천상적인 존재라는 복된 사실에 기초하고 있습니다.

2세기 전에 이루어진 설교에서 전파된 다비의 강력한 메시지는 시대를 초월하여 지금 우리들의 마음에도 강하게 메아리치고 있습니다. 우리는 이 책을 통해 지금 우리가 가진 소망이 과연 참된 것인지 자문해 볼 수 있습니다.

우리는 무엇을 소망하며 지금을 살고 있는가?
우리는 정말 하늘에 계신 그리스도와 연합된 자로서 진정으로 하늘의 것들을 바라보며 살고 있는가?
우리는 자신의 몸된 교회를 맞이하러 하늘로부터 다시 오실 주님을 뵙게 될 그 날을 소망하면서 그 소망에 자신의 삶을 투자하고 있는가?

이 책은 이러한 질문들에 대한 명확한 해답을 줄 것입니다. 이 책을 통해서 영광스러운 교회의 소망으로 마음이 뜨거워지는 은혜를 얻으시길 바랍니다.

2011년 3월 봄이 오는 길목에서
역자 씀

Chapter 1

베드로후서 1장
도입

참된 그리스도인이라면 누구나 그리스도 안에서 자신의 구원을 확신할 뿐 아니라 이러한 구원이 가져오는 모든 결과를 깨닫고 있어야 한다. 진정 거듭난 그리스도인은 자신이 아버지 하나님의 집에 있다는 것을 알아야 할 뿐 아니라, "하나님께서 우리를 자신의 영광과 덕으로 부르신"(벧후 1:3) 복된 위치가 가져다주는 놀라운 특권을 누리고 있어야 한다.

하나님은 말씀을 통해서 "그리스도와 교회의 영광" 안에서 자신이 설계하신 미래를 우리에게 보여 주셨다. 이번 집회에서 나는 예언에 나타난 유대인과 이방인의 운명과 관련하여 하나님의 교회의 소망이 무엇인지에 대해 분명하게 말씀드리고자 한다. 이번 집회를 통해 우리가 이와 같은 사실을 자세히 살펴보게 되면, 우리의 마음은 하나님에 대한 더 깊은 인식으로 채워질 것이다. 바로 이것이 하나님께서 우리에게 예언의 말씀을 주신 목적 가운데 하나이다. 하나님은 자신의 친구들에게 예언을 계시해주신다(요 15:15, 엡 1:9). 이를 통해 우리는 하나님 자신의 생각이 어떠한지 알 수 있게 된다. 하나님께서는 우리를 향한 자신의 사랑과 신뢰에 대해 이보다 더한 맹세를 주실 수 없으며(창 18:17), 우리와 관련되어 이보다 더 거룩한 것을 주실 수 없으실 것이다.

우리가 만약 어떤 사람에게 지금 추구하고 있는 것의 마지막 모습을 알려 준다면, 그의 현재 삶은 그가 알게 된 미래에 의해 영향을 받게 될 것이 분명하다. 사실 지금 사람들이 살아가는 삶은 자신들이 예상하는 미래의 모습에 의해 그 색깔이 결정되고 있다. 예를 들어, 지금 이 땅에서 높은 지위와 권세를 추구하며 재물을 쌓는 것이 삶의 목표가 된 사람들, 즉 이 세상에서 즐거움을 누리는 것 외에는 삶의 다른 목표가 없는 사람들은 나중에 자신들이 죽게 되면 그것으로 끝이라고 생각하기 때문에 그렇게 행동하는 것이다.

　이처럼 현재 사람들이 살아가는 삶의 방식은 그들이 예상하는 미래의 모습과 크게 연관이 있다. 교회도 마찬가지이다. 만약 교회의 성도들이 나중에 자신들이 하늘에 속한 놀라운 영광에 참여할 것이라는 천상적(天上的)인 부르심을 진실로 깨닫게 된다면 그 결과는 어떻게 되겠는가? 그들은 여기 이 땅에서 참으로 나그네와 순례자로 살게 될 것이다. 구약의 예언들이 이 땅과 관련된 것임을 구분할 줄 알게 되면, 교회의 성도들은 유대인들에게 주신 지상적(地上的)인 약속들의 성격을 보다 잘 이해할 수 있게 되고, 유대인 및 이방인으로 언급된 사람들과 그리스도의 교회를 구분하는 것도 배우게 될 것이다. 그렇게 되면 그리스도인들은 이 시대의 정신을 판단할 수 있게 되고, 인간적인 사고 방식들이나 그리스도인의 영적인 삶에 악영향을 주는 방해 요소들에 의해 자신들의 마음이 침식당하지 않도록 그 마음을 지킬 수 있게 될 것이다. 그리고 그들은 만물의 질서를 명하시고 "태초부터 마지막을 알고 계신" 하나님께서 자신들에게 주신 소망을 바라보게 되고, 이 소망으로부터 흘러나오는 자신들의 의무를 이행하는 일에 전적으로 매진하게 될 것이다.

어떤 사람들은 우리 그리스도인들에게, 구약의 예언들은 그 예언이 과거에 이미 성취된 것을 보여줌으로써 성경이 하나님의 말씀이라는 것을 입증하는 데에만 소용이 있다고 생각한다. 이 또한 예언들이 우리에게 줄 수 있는 하나의 용도임에 틀림이 없다. 하지만 이것은 예언들을 주신 하나님의 특별한 목적은 아니다. 예언의 특별한 목적은 예언의 말씀들이 미리 가리키고 있는 사건들이 성취되기 전에, 교회 또는 남은 자들에게 하나님의 뜻을 전달해 주어 그들의 현재 삶에 인도자와 등불이 되는 데 있다.

하나님의 계시들을 사용할 때, 단지 나중에 그 계시들이 성취된 후에, 하나님께서 우리에게 진리를 말씀하셨다는 것을 확인하는 수단으로만 그것들을 사용해야 한단 말인가? 이것은 마치 누군가가 나를 자신의 친밀한 친구로 생각하기 때문에 나의 현재 삶에 유익을 주기 위해 앞으로 곧 일어날 일들을 자신이 알고 있는 대로 미리 모두 말해 주었는데도, 나는 나중에 그 일들이 다 지나간 후에 '그는 진실을 말하는 사람이었구나'라고 뒤늦게 확인하는 정도로만 그의 말을 사용하는 것과 같다[1]. 그렇게 된다면 얼마나 안타까운 일이 될 것인가!

우리는 지금 어디에 있는가? 혹시 지금까지 우리가 가지고 있는 특권과 하나님의 선하심에 대한 인식을 잃어버리고 있던 것은 아닌가? 이 모든 거룩한 계시들 가운데서 교회를 위한 교훈은 없단 말인가? 교회의 위치는 우리의 친구 되신 하나님께서 진리를 말씀했는지를 논하는 데 있지 않다.

사랑하는 여러분들이여, 사실 우리는 하나님을 향해 이런 식으로 행동하면서 하나님의 선하심과 우리를 향한 마음을 잘못 오해해 왔다. 그리스도인으로서 우리는 하나님께서 말씀하신 것이 사실이라고 우리 스스로 믿기 위한 목적으로만 예언의 사건들을 대해서는 안된다. 하나님의 말씀은 이미 그 자체로서 사실이다. 우리는 예언의 말씀이 그 자체로 사실이라고 믿고 있어야 한다.

하지만 이보다 더 깊은 것이 있다. 대다수의 예언들은 또 어떤 의미에서 모든 예언들은 지금 우리가 살고 있는 세대가 종결될 때 성취될 것이라는 점이다. 나중에 이 세대의 끝에 가서 그 예언들이 성취되고 나서야 비로소 이것이 사실이었다고 확인한다면 이미 때늦은 일이 되고 말 것이다. 왜냐하면 그 때는 예언의 말씀을 믿지 않았던 사람들에게 끔찍한 심판이 이미 임해 있을 것이기 때문이다. 이러한 심판이 나중에 실제로 집행될 때, 이 사실은 우리에게 예언의 말씀이 진실이라는 것에 대한 충분한 증거가 될 것이다. 하지만 지금 우리는 이러한 예언들이 주어진 목적이 현재 우리의 삶을 지도하기 위한 것이라는 점을 상기해야 한다. 이렇게 예언을 주신 목적은 우리로 하여금 하나님의 길을 올바로 이해하도록 해주고, 모든 사건들을 하나님 은혜의 경륜 가운데 펼치시는 분은 인간이 아니라 하나님이시라는 사실을 보게 함으로써, 지금 우리를 위로하는데 있다.

　예언의 말씀들은 어두운 곳을 비추는 빛과도 같다. 우리가 이러한 예언의 말씀을 통해 현재의 삶에 교훈을 얻게 되면, 이 세상의 정치세계에 대한 우리의 열정은 잠잠해질 것이다. 그리고 우리는 하나님께서 말씀하신 것을 조용히 관찰하게 될 것이다. 우리는 다니엘서에서 하나님께서 모든 것을 처음부터 명령하셨다는 것을 읽고, 그 엄위하심 앞에서 잠잠하게 된다. 이 세상의 것들로부터 완전히 구별된 자들로서 우리는 하나님의 깊고 완전한 지혜를 미리 연구할 수 있다. 이렇게 할 때 우리의 마음은 비췸을 받게 되고, 우리는 우리 자신의 생각을 따르지 않고 하나님만 의지하게 될 것이다.

우리는 지존하신 하나님의 목적이 인간들의 욕심이 난무하는 투쟁의 무대로 버림받은 이 땅에서가 아니라, 이제 우리 주변에서 실현될 예언의 사건들을 통해서 나타나는 것을 보게 된다. 그래서 특히 종말에 일어날 사건들을 통해서 예언은 우리에게 하나님의 특성과 성품을 열어 보여준다. 우리는 예언의 말씀을 통해 하나님의 신실하심과 공의, 권능, 오래 참으심을 알게 된다. 그리고 동시에 우리는 하나님께서 불법을 저지르면서도 여전히 오만한 자들에게 심판을 베푸실 것을 알게 된다. 하나님께서는 이 땅에서 자신의 통치체계가 평안과 축복 가운데 확립될 수 있도록 하기 위해, 이 땅을 더럽힌 사람들에게 공개적으로 두려운 심판을 베푸실 것이다.

주님이 제자들에게 장차 일어날 이러저러한 상황에서 도망할 것을 미리 경고하셨을 때, 만일 그들이 주님이 무엇에 대해 말씀하시는지 알지 못했고 또 주님이 하신 말씀이 사실이라는 것을 믿지 않았다면 주님의 그러한 경고가 무슨 소용이 있겠는가? 제자들이 불신 가운데 있던 다른 이스라엘 사람들과 구분되었던 것은 바로 이러한 지식과 믿음 때문이었다. 이것은 교회에 대해서도 마찬가지이다. 하나님은 교회에게 하나님의 심판이 열방에 임하게 될 것이라는 것을 미리 알려주셨다. 그리고 성령의 가르침을 통해서 교회는 그 사실을 깨닫고 믿게 되었으며, 교회가 이같이 앞으로 다가올 심판을 면하게 되었음을 감사할 수 있게 되었다.

그런데도 어떤 사람들은 예언연구가 단지 사색적이라고 생각한다. 오, 이러한 생각은 사단이 고안해 낸 잘못된 생각이다! 예언연구는 우리에게 실제적인 유익이 있다. 우리가 성경의 예언을 연구함으로써 현재의 상황 속에서 우리 자신의 필요를 초월할 줄 아는 영적인 시야를 얻게 되고 현세의 물질적인 것들의 틀을 넘어가게 된다면 우리는 진정 미래로 나아갈 수 있게 된다. 하지만, 우리가 만약 우리 자신의 생각으로 현재를 채우고 있다면 영적인 모든 것은 공허해지고 우리에게 아무런 의미를 갖지 못하게 될 것이다. 그러므로 예언연구를 통해 우리가 현세에 사로잡히지 않고 우리 마음을 하나님의 생각으로 채우는 일이 단순히 사색적인 일이라고만 비난할 수 있겠는가?

예언의 말씀들은 앞으로 다가올 일에 대한 하나님의 뜻과 생각을 계시해 주기 때문에 우리는 예언연구를 통해 우리 마음을 하나님의 뜻을 아는 지식으로 채울 수 있다. 그리스도인이라는 이름을 가진 사람들 가운데 "물이 바다를 덮음 같이 여호와를 아는 지식이 온 땅에 가득하리라"는 말씀을 읽고 기뻐하지 않을 사람이 어디 있는가? 그런데 이 말씀은 예언의 말씀이다. 이 예언은 언제 어떻게 성취되겠는가? 이 질문에 대한 답은 사람의 입에서 나오지 못한다. 여기에 대한 답을 말해 줄 수 있는 것은 바로 동일한 예언의 말씀이다. 그러므로 우리의 교만한 마음을 채우고 있는 헛된 영광과 공허한 상상은 예언의 말씀 앞에서 침묵해야만 할 것이다.

진리 안에서 볼 때 하나님과의 사귐은 우리에게 위로를 주고 우리를 거룩하게 해준다. 그리고, 이러한 영원한 사귐은 우리에게 이미 주어져 있다. 하지만, 하나님께서는 우리가 예언의 말씀이 주는 소망 가운데서 행하기를 원하신다. 그러므로 하나님께서는 또한 예언의 말씀들이 우리에게 실제적인 영향력을 미칠 수 있도록 하기 위해 우리에게 예언과 관련된 내용들을 가르쳐 주시며, 우리가 가진 소망이 마치 상상력이 풍부하기는 하지만 허황된 동화책 이야기와 같이 헛되게 되지 않도록 하신다. 이로 인해 하나님께 감사를 드린다. 예언의 주제는 다가올 영광의 세부사항들이 보여주는 충만함에 있다.

사도 베드로는 경건과 덕, 형제우애, 그리고 사랑을 성도들의 마음에 더하라고 촉구한 후에 다음과 같이 말했다(벧후 1:16-21). "우리 주 예수 그리스도의 능력과 강림하심을 너희에게 알게 한 것이 공교히 만든 이야기를 좇은 것이 아니요 우리는 그의 크신 위엄을 친히 본 자라 지극히 큰 영광 중에서 이러한 소리가 그에게 나기를 이는 내 사랑하는 아들이요 내 기뻐하는 자라 하실 때에 저가 하나님 아버지께 존귀와 영광을 받으셨느니라 이 소리는 우리가 저와 함께 거룩한 산에 있을 때에 하늘로서 나옴을 들은 것이라 또 우리에게 더 확실한 예언[2]이 있어 어두운데 비취는 등불과 같으니 날이 새어 샛별이 너희 마음에 떠오르기까지 너희가 이것을 주의하는 것이 가하니라 먼저 알 것은 경의 모든 예언은 사사로이 풀 것이 아니니 예언은 언제든지 사람의 뜻으로 낸 것이 아니요 오직 성령의 감동하심을 입은 사람들이 하나님께 받아 말한 것임이니라"

앞으로의 설교를 통해 예언의 보다 일반적인 특징들을 살펴보면서 우리는 교회, 열방들, 유대인들이라는 세 가지 큰 주제에 대해 알게 될 것이다. 이러한 연구를 통해 우리는 우리에게 주어진 빛에 따라 나타난 아주 아름다운 결과, 즉 하나님의 두 이름 아래에서(이스라엘을 향해서는 여호와 하나님으로, 교회를 향해서는 아버지 하나님으로 자신을 계시하신 것에 따라) 하나님의 완전하심이 충만하게 전개되는 것을 보게 될 것이다. 하나님께서는 유대인들에게 자신을 여호와로 알리셨고(출 6:3), 교회에게는 자신을 아버지로 나타내셨다(엡 1:1-6).

즉, 유대인들을 향해 선지자들이 예언한 말씀들에는 여호와 하나님으로서 그분의 신실하심과 모든 속성들이 나타나 있고, 교회와 관련된 말씀들에는 아버지 하나님으로서의 속성들이 나타나 있다. 다시 말해 교회는 하나님과 아버지로서 관계를 맺고 있고, 유대인들은 하나님과 여호와로서 관계를 맺고 있는 것이다. 그래서 예수님은 유대인들에게는 여호와께서 이스라엘에게 주신 약속과 축복의 중심이 되시는 메시야로서 제시되었고, 교회에게는 많은 형제들을 자신에게로 모으시는 하나님의 아들로서 제시되셨다. 교회에게 있어 예수님은 하나님의 자녀이자 자신의 가족의 일원인 우리와, 즉 많은 형제들 가운데 처음 난 자가 되시는 그리스도와 공동상속자가 된 우리와 함께 특권을 공유하시는 분으로 제시되어 있다. 즉, 교회에게 있어 예수님의 존재는 아버지 하나님의 모든 영광의 표현이신 것이다.

장차 이 세대의 때가 차게 되면 하나님은 그리스도 안에서 만물을 함께 모으실 것이고, 또한 믿음의 조상인 아브라함에게 자신을 계시하셨던 자신의 이름을 충만하게 실현시키실 것이다. 그리스도 안에서 통일을 이룬 땅과 하늘의 공통적인 축복을 보증하시며 그 중심이 되실 분은 왕같은 대제사장이신 예수 그리스도이시다. 그처럼 왕같은 대제사장이신 예수 그리스도의 모형인 멜기세덱은 그러한 하나님의 이름을 "천지의 주재시요 지극히 높으신 하나님"으로 선언했다.

에베소서 1장
교회와 그 영광

지난 첫 번째 설교에서 이번 집회의 주제를 이루는 세 가지 큰 주제가 교회, 유대인, 이방인이 될 것이라고 말씀드렸다. 오늘 설교에서 나는 그 가운데서 교회와 그 영광에 대해 살펴보고자 한다. 교회와 관련해서 하나님께서는 자신을 아버지라는 이름으로 계시하셨다. 하나님께서는 이스라엘에게는 여호와라는 이름으로 땅에 속한 모든 복을 나타내셨고, 교회에게는 아버지라는 이름으로 은혜의 모든 열매들과 교회가 가진 영광과 하늘에 속한 모든 신령한 복을 나타내셨다. 하지만 이러한 아버지라는 관계와 더불어 특히 에베소서에서는 또 다른 관계가 제시되어 있다. 이것은 아버지께서 교회로 하여금 그리스도의 모든 영광에 충만하게 참여할 수 있도록 하기 위해 교회에게 그리스도를 신랑으로, 그리스도에게 교회를 신부로 주셨다는 사실과 깊이 연관되어 있다.

아버지께서는 우리를 자신의 자녀로 맞아들이면서 "많은 형제 중에서 맏아들이신" 아들의 영광과 아름다움으로 우리를 연합시키셨다(롬 8:29). 예수 그리스도의 신부로서 우리는 우리에게 주어진 비교할 수 없는 사랑과 더불어 그분에게 속한 모든 특권을 함께 누리는 자가 되었다. "아버지께서 아들을 사랑하사 만물을 그 손에 주셨느니라"(요 3:35) 바로 이와 같은 사실이 우리가 살펴보고자 하는 첫 번째 위대한 진리이다. 아들이 아버지를 영화롭게 하셨듯이 아버지 또한 아들을 영화롭게 하실 것이다.

그리고, 우리는 요한복음 17장 22절에서 말씀한 것과 같이 이와 같은 아들의 영광에 참여할 것이다. "당신께서 내게 주신 영광을 나도 그들에게 주었습니다" 이것은 세상으로 하여금 아버지께서 예수님을 사랑하시는 것과 같이 우리도 사랑하신다는 것을 알게 하려는 것이다. 세상은 우리가 아버지 하나님께서 예수님께 주신 영광을 동일하게 가지고 있는 것을 보게 될 것이며, 또한 우리가 하나님의 동일한 사랑의 대상임을 알게 될 것이다. 그리고, 우리가 마지막 날에 갖게 될 영광은 바로 이와 같은 귀하고 놀라운 진리가 사실이라는 것을 나타내 줄 것이다.

그러므로 교회의 소망은 단지 하나님의 진노에서 건짐받는 것뿐만이 아니라 "아들의 영광을 함께 소유"하는데 있다. 교회가 가진 완전한 기쁨은 교회가 아버지와 아들로부터 사랑을 받았다는 사실 뿐만 아니라 이러한 사랑을 받은 결과 아들의 영광을 함께 소유하게 되었다는 데 있다. 아버지께서는 이러한 부요함을 아는 지식으로 우리를 이끌어 주셨고, 구원받은 모든 자 안에 성령을 내주하게 하심으로써 우리에게 처음 익은 열매들을 주셨다.

오늘 우리는 여러 가지 다양한 말씀들을 통해 이러한 주제들을 자세히 살펴볼 것이다. 우선 먼저 우리 앞에 놓여있는 에베소서 1장에서 이 주제를 자세히 살펴보도록 하자.

에베소서 1장의 서두에서는 앞서 말했듯이 하나님께서 아버지로서 제시되어 있다. 그분께서는 "우리 아버지"(2절)이시고, "우리 주 예수 그리스도의 아버지"(3절)이시다. 이 구절부터 8절에 이르기까지 사도 바울은 구원에 관해 설명하고 있다. 하나님께서는 "그의 사랑하시는 자 안에서 우리를 받아주셨고" 이를 통해 우리는 "그의 은혜의 영광을 찬양하게 되었다." 우리는 하나님의 임재 가운데 아버지의 본성을 닮도록 자녀로서 받아들여졌다. 우리는 그리스도의 보혈을 통해서 구속을 받았다. 이것은 하나님의 은혜의 부요함에 따른 것이다.

그 다음에 있는 8절부터 10절까지에서 우리는 이러한 구원의 은혜를 받은 우리를 그리스도의 영광으로 이끄시려는 하나님의 위대한 목적을 성령의 실제적 역사를 통해 알게 되었다는 사실을 보게 된다. 우리가 그리스도의 영광으로 인도받았다는 사실은 앞에서 언급했듯이 우리에게 대한 하나님의 사랑의 감동적인 증거가 된다. 하나님께서는 우리를 자신의 친구로 대하시면서 우리의 영혼에 말할 수 없는 평안을 주시며, 우리로 하여금 이 세상 사람들의 모든 노력과 수고가 얼마나 헛되게 끝날 것인지를 보게 해주신다. 하나님의 마음에 있는 목적은 바로 다음과 같다. "하늘에 있는 것이나 땅에 있는 것이 다 그리스도 안에서 통일되게 하려 하심이라"

앞에서 본 대로, 8절까지에서 우리는 우리가 아버지의 아들이라는 상태에 이르도록 예정을 입었으며, 그것을 위해 구원을 받게 되었다는 사실을 살펴보았다. "우리는 그리스도의 피를 인하여 구속을 받게 되었다." 그 후에 10절까지 우리는 만물과의 관계에 있어 그리스도의 영광과 관련된 하나님의 목적에 대해 살펴보았다. 11절부터는 우리가 미래에 나타날 영광에 참여하게 되었다는 사실과, 더 나아가 우리가 이러한 영광을 기다리며 살아가는 동안에 우리에게 주어진 성령의 인침에 대해 말씀하고 있다. "모든 일을 그 마음의 원대로 역사하시는 자의 뜻을 따라 우리가 예정을 입어 그 안에서 기업이 되었으니 이는 그리스도 안에서 전부터 바라던 우리로 그의 영광의 찬송이 되게 하려 하심이라" 8절까지에서는 "그의 은혜의 영광의 찬송"에 대해 말했다면, 여기에서는 "그의 영광의 찬송"에 대해 말하고 있다. 그리고 나서 이 부분에서는 "그 안에서 너희도 진리의 말씀 곧 너희의 구원의 복음을 듣고 그 안에서 또한 믿어 약속의 성령으로 인치심을 받았으니 이는 우리의 기업에 보증이 되사 그 얻으신 것을 구속하시고 그의 영광을 찬미하게 하려 하심이라"고 말씀하고 있다. 그리고, 에베소서 1장의 나머지 부분에서는 성도들을 향한 바울의 기도가 나타나 있는데, 그는 하나님께 성도들로 하여금 그들이 가진 소망을 깨닫게 해주시고, 그들이 하나로 연합되어 있는 그리스도의 부활과 높임 받으심에 나타난 하나님의 능력이 그들 가운데서도 동일하게 나타나게 해달라고 기도했다.

 이와 같이 자신이 받은 구속을 누리고 장차 나타날 영광을 기다리며 살아가는 교회의 위치는 이스라엘의 역사 속에서 모형과 예표를 통해서 예시되어 있다. 이집트로부터 구속받은 이스라엘 백성들은 가나안 땅으로 바로 들어가지 못하고 광야를 떠돌아다니게 되었고 그 동안에 그 땅은 가나안 거민들의 소유로 남아 있었다. 이스라엘의 구속은 이미 종결되었지만 그들이 받은 기업의 구속은 아직 종결되지 않았다. 상속자들은 구속을 받았지만, 기업은 대적의 손에서 아직 획득하지 못했던 것이다. 바울은 "저희[이스라엘 백성]에게 당한 이런 일이 거울이 되고 또한 말세를 만난 우리[교회]의 경계로 기록되었느니라"(고전 10:11)고 말했다.

 그리스도는 만물이 명목상이 아니라 실질적으로 자신에게 복종하도록 하기 위해 교회의 부활을 기다리고 계신다. 그리스도는 여호와께서 자신의 모든 대적을 발등상으로 만드서서 발 아래 두시게 될 엄숙한 순간을 기다리고 계신다(시 110:1). 그리스도께서는 그 순간이 올 때까지 그것을 비밀로 하시면서[3] "높은 곳에 계신 위엄의 우편에" 앉아 계신다.

그리고 장차 그리스도께서는 만물을 자신의 기업으로 취하실 것이다. 이것은 자신의 피로 산 교회로 하여금 그분과 함께 만물을 물려받도록 하시기 위한 것이다. 교회는 장차 정결케 될 기업을 물려받게 될, 이미 정결케 된 공동상속자인 것이다.

따라서 우리는 다음과 같은 두 가지 사실을 기억해야 한다. 첫째로, 그리스도께서는 하나님의 뜻 가운데서 만물을 소유하고 계신다. 둘째로, 교회는 그리스도의 신부가 되었기 때문에 그리스도께서 소유하신 모든 것에 참여하게 되었다. 물론 우리가 그리스도의 영원한 신성을 함께 소유할 수는 없지만, 성경에서는 우리가 신의 성품에 참여한 자가 되었다고 말하고 있다.

이제부터는 우리가 지금까지 전개해 온 이러한 생각들을 드러내고 있는 다른 구절들을 살펴보자. 만물은 그리스도를 위해 존재한다. "이 아들을 만유의 후사로 세우시고"(히

1:2) 그리스도께서는 만물의 창조자이시므로(골 1:15-18), 만물은 권리상으로 볼 때 그리스도께 속해 있다. 골로새서 1장에서 그리스도의 두 가지 머리되심이 나타난 것을 주목해 보라. 우선 그리스도께서는 "모든 창조물보다 먼저 나신 자[즉, 모든 창조물의 머리]"이시고 죽은 자들 가운데서 먼저 나신 자이시며, 또한 "몸인 교회의 머리"시다. 이러한 구분은 우리가 살펴보는 주제를 이해하는 데 많은 빛을 비춰준다. "만물이 그에 의해 창조되었고 그를 위해 창조되었다." 그리스도는 사람으로서, 즉 마지막 아담으로서 만물을 소유하고 계신다. 하나님께서는 자신의 뜻 가운데서 만물이 그분께 복종하도록 하셨다.

그래서 우리는 시편 8편에서 바울이 그리스도에 대해 적용하고 있는 구절을 통해서(히 2:6) 이 주제에 대한 바울의 교리를 이루는 모퉁이돌과도 같은 진리를 발견하게 된다[1]. 바울은 히브리서에서 시편을 여러 번 인용하고 있는데, 인용된 구절들의 주요 주제는 만물이 그리스도에게 복종한다는 것이다. 그리스도에 대한 만물의 복종은 세 가지 다양한 측면에서 우리에게 제시되어 있는데, 하나 하나가 우리에게는 모두 중요한 구절들이다.

히브리서 2장 6절에 따르면 이 예언은 아직 성취되지 않았다. 교회는 장차 최종적으로 성취될 맹세의 부분적인 성취만을 보고 있을 따름이다. 만물이 아직 예수님께 복종하지 않고 있는 것이다. 하지만 그 동안에도 예수님께서는 이미 영화와 존귀로 관을 쓰고 계신다. 이 사실은 이 예언이 앞으로 적당한 때에 완전히 성취될 것이라는 것을 보여주는 분명한 증거가 된다.

그리스도와 함께 공동상속자가 된 교회가 그리스도의 몸으로서 형성되고 있는 현재의 세대에서는 만물이 아직 그리스도께 복종하지는 않고 있다. 하지만 그리스도께서는 영광을 입으셨고, 그분의 제자들인 우리는 그분의 권리를 인정하고 있다. 히브리서 2장에서 우리는 시편 8편 5-6절이 적용되는 것을 보게 되고, 마지막 아담에게 만물이 복종하는 일이 아직 성취되지 않았다는 것을 알게 된다.

또한, 에베소서 1장 20,23절에서 우리는 예수님께서 높임을 받으셨고 높은 곳에 계신 위엄의 우편에 앉으셨으며 하나님께서 만물을 그리스도의 발아래 복종하게 하셨다는 말씀을 보게 된다. 하지만 이 말씀의 강조점은 교회가 그리스도의 동일한 영광에 참여하게 되었다는 사실에 있다. 예수님께서는 그분의 영광 안에서 그분의 몸인 "교회의 머리"로 표현되어 있다. "교회는 그의 몸이니 만물 안에서 만물을 충만케 하는 자의 충만이니라" 바로 이와 같은 교회의 영광이 우리가 지금 살펴보고 있는 주제이다.

그리고, 고린도전서 15장에도 동일한 사실 - 예수님께서 영화롭게 되심, 만물이 그분에게 복종함 - 이 나타나 있다. 이 말씀에서는 예수님을 마지막 아담이자 그분이 소유하실 왕국의 머리로 선언하신 하나님의 능력에 따라 성도들의 부활 때에 일어나게 될 일들을 묘사하고 있다. 만물을 자신에게 복종시키신 하나님을 제외하고 모든 만물 위에서 다스리시게 될 그리스도께서는 마지막에 가서 그 왕국을 아버지 하나님께 바치실 것이며, 마지막 아담인 자신의 발 아래 만물을 복종시키신 하나님께 복종하실 것이다(고전 15:27-28). 그때 교회는 그리스도와 함께 하게 되고 그리스도를 온전히 닮게 되며 아버지의 임재 가운데서 기쁨을 누리게 될 것이다.

우리는 지금까지 만물이 그리스도께 복종한다는 진리를 살펴보았다. 그러므로, 교회는 그의 몸이기 때문에 그리스도께서는 이러한 통치를 교회와 함께 공유하실 것이며 이러한 통치는 그분의 몸인 교회가 부활한 후에 이뤄질 것이다. 주님께서는 때가 되면 이러한 권력과 권세를 아버지께 바치실 것이며, 이를 통해 하나님께서는 만유 가운데 모든 것이 되실 것이다. 영광 받으신 그리스도께서는 지금 그리스도의 몸된 교회가 형성되고 있는 동안에 하나님의 보좌에 앉으셔서 교회가 모이는 일이 끝날 때까지 기다리고 계신다. 다시 말해 그리스도께서는 왕으로서 권리를 받으시고 여호와께서 대적들을 그 발 아래 발등상으로 두시는 때가 올 때까지 하나님 우편에 앉아 계실 것이다.

여기서 우리는 우리가 지금까지 인용했던 구절들을 돌이켜 볼 때 한 가지 중요한 구분이 도출된다는 사실을 알 수 있다. 그것은 바로 이미 성취된 "교회의 화목"과는 구분되는 "만물의 화목"이 미래에 있을 것이라는 사실이다. 여러분은 이 설교가 시작될 때 우리가 읽었던 에베소서 1장으로부터 이 사실을 벌써 알아차렸을지도 모른다. 앞에서 우리는 하나님이 의도하신 목적은 그리스도 안에서 만물을 함께 모으는(통일시키는) 것이라는 것을 보았다("만물의 화목"). 그리고 우리는 8절 앞에 있는 구절들로부터 "교회의 화목"이 이미 성취된 사실이라는 것을 보았고, 그 이후의 구절에서는 우리가 믿은 후에 우리 안에 내주하시게 된 성령께서 우리에게 미래의 영광을 보증하신다는 것도 살펴보았다.

또한 우리는 로마서 8장 19-23절에서 하나님의 아들들이 나타날 때 피조물의 해방이 있을 것이라는 사실을 보게 된다("만물의 화목"). 현재에 있어서는 즉, 그리스도께서 하나님 우편에 앉아계시는 동안에는 모든 것이 비참한 상태에 있다. 모든 피조물이 썩어짐의 종노릇을 하고 있다. 우리가 이미 구속을 받았고("교회의 화목"), 피조물의 구속에 대한 값도 이미 지불되었다는 것도 사실이다. 우리는 장래 영광의 보증으로서 성령의 처음 익은 열매들을 받았다. 하지만 이러한 영광은 지극히 높으신 하나님께서 자신의 권능을 행사하시게 되고 권리상으로뿐 아니라 실제적으로도 하늘들과 땅을 소유하시고 다스리실 때까지 우리가 기대하고 바라보아야 하는 미래의 일이다.

우리는 성령에 의해 "그리스도와 연합"되어 있지만, 우리는 이 땅에서 연약한 육신을 입고 살아가야 한다. 우리는 "그의 사랑하시는 자 안에서 받아들여진" 자녀가 되었다는 확신을 가지게 되었고, 우리의 기업에 대한 보증이 되시는 성령으로 말미암아 우리가 기업을 받게 될 것을 소망하는 기쁨을 가지게 되었다("교회의 화목"). 반면에 우리는 또한 사망의 몸에 거하고 있기 때문에 피조물의 탄식에 함께 참여할 수밖에 없는 상태에 있다. 모든 것이 무질서 가운데 있다. 하지만 우리는 우리를 구속하시고 만물의 상속자로 삼으셨을 뿐만 아니라 아버지의 사랑을 누리는 삶으로 인도하신 그리스도를 알고 있다. 지금 우리는 이러한 특권들을 누리고 있다. 그리고, 우리는 그리스도께서 만물을 자신의 기업으로 취하시고 영광 가운데 나타나실 때 수많은 복들이 우리가 그리스도와 함께 누리는 기업 위에 부어질 것을 알고 있다. 우리는 지금 우리 주변의 비참한 상태를 보고 있지만 주님께서 미래에 이 땅을 통치하시게 될 날이 올 것을 알고 있기 때문에("만물의 화목"), 현재 피조물의 탄식이 하나님의 은혜의 보좌에 올라가는 향연임을 알고 있다.

앞에서 골로새서에서 인용했던 구절은 정확하게 이러한 구분 - 이미 성취된 "교회의 화목"과 앞으로 성취될 "만물의 화목" - 을 보여주고 있다. "그의 십자가의 피로 화평을 이루사 만물 곧 땅에 있는 것들이나 하늘에 있는 것들을 그로 말미암아 자기와 화목케 되기를 기뻐하심이라 전에 악한 행실로 멀리 떠나 마음으로 원수가 되었던 너희를 이제는 그의 육체의 죽음으로 말미암아 화목케 하사"(골 1:20-21) 땅에 있는 것들과 하늘에 있는 것들은 이미 흘려진 그리스도의 보혈의 효력에 의해 나중에 화목하게 될 것이다[5]. 속죄일과 관련된 규례에는 위와 같은 복이 실현될 때 유대인이 참여하게 될 부분을 특별히 언급하고 있기도 하지만, 이 속죄일에 대제사장이 행하는 의식의 순서를 통해 이러한 화목이 모형적으로 나타나 있음을 볼 수 있다.

골로새서 1장 16절에서 우리는 이러한 화목에 무엇이 포함될 것인지 분명하게 볼 수 있다. "만물이 그에 의해 창조되었고 그를 위해 창조되었고" 그리스도께서 하나님으로서 만물을 창조하셨고, 만물의 회복자로서 이 모든 것들을 기업으로 받게 되실 것이다. 만약 작은 풀 한 포기라도 그분의 권위에 복종하지 않는 것이 있다면 사단은 그리스도의 권세와 그분의 기업에 손을 대려 할 것이다. 하지만, 그리스도께서는 심판을 집행하심으로써 자신의 모든 권세가 합당하고 의로운 것임을 입증하실 것이다.

이 모든 것 말고도, 그리스도께서 다시 오실 때에는 모든 피조물에게 기쁨의 근원이 되실 것이다. 이러한 기쁨은 모든 피조물에 퍼져나갈 축복에 의해 더욱 커질 것이다. 우리는 또한 모든 피조물들이 썩어짐의 종노릇에서 해방됨으로 인해 행복을 누리게 될 것을 지켜보는 기쁨을 얻게 될 것이다. 우리는 선하신 하나님으로 인해 이러한 기쁨에 참여할 것이다.

교회인 우리가 거하는 곳은 "하늘"의 영역이다. 우리는 지금 하늘에 속한 영적인 축복을 소망 가운데 누리고 있다. 여러 가지 면에서 방해를 받기도 하지만, 하늘에 속한 이러한 축복은 우리를 위한 것이다. 그 날이 되면 이러한 축복은 우리의 정상적이고 자연스런 상태가 될 것이다. 그리고 이 땅 역시 그리스도의 다스림으로 인한 영향을 받게 될 것이다. "하늘에 있는 악의 영들"(엡 6:12)이 있던 자리는 그리스도와 교회로 채워질 것이고, 죄로 인해 그들의 권세에 굴복해야 했던 비참함은 사라질 것이다. 교회는 그리스도와 함께 영광에 참여하게 될 것이고, 교회의 충만함의 근원이신 그리스도의 임재를 경험하게 될 것이다. 그리고, 교회는 축복 가운데 있는 이 땅 위에 빛을 비추는 존재가 될 것이고, 열방은 이러한 빛에 따라 행하게 될 것이다. 교회는 그리스도의 "돕는 배필"(창 2:18)로서 그리스도의 영광을 누리고 사랑하는 주님에 대한 생각으로 가득차서 그분의 사랑을 만끽하며, 그분의 축복을 전달하는 복된 도구가 될 것이다. 즉, 교회는 그리스도로부터 나오는 축복으로 가득 찬 나라가 얼마나 복된가를 보여주는 살아있는 도구가 될 것이다. 하나님께서 교회에게 이런 위치를 주신 것은 "그리스도 예수 안에서 우리에게 자비하심으로써 그 은혜의 지극히 풍성함을 오는 여러 시대에 나타내려 하심이다." (엡 2:7) 그 날이 되면 이 땅은 마지막 아담이 가져 오신 승리와 그분의 신실하심으로 인한 열매를 누리게 될 것이다. 현재 세상은 첫째 아담의 범죄와 타락으로 인해 죄악과 무질서 가운데 있지만, 그 날이 되면 이 땅은 정사와 권세들 앞에서 마지막 아담의 승리의 결과를 증거하게 될 것이다. 의심의 여지 없이, 기쁨 가운데 최고의 기쁨은 아버지와 신랑의 사귐이 될 것이다. 교회는 주님의 선하심의 증인이 되고 그 선하심에 참여하며, 타락한 세상을 향해 주님의 선하심을 나타내는 도구가 되고, 하나님의 즐거움을 맛보게 될 것이다. 왜냐하면 "하나님은 사랑이시기" 때문이다.

  그리고, 이 땅과 관련해서 말할 수 있는 것은 하나님께서 우리가 살고 있는 이 땅을 인간역사를 통해 자신의 속성과 은혜의 나타남을 보여주시는 공간으로 삼으셨다는 사실이다. 이 땅은 죄가 들어와서 자리를 잡은 곳이다. 그리고, 이 땅은 사단이 세상에 악을 퍼뜨리려는 자신의 에너지를 나타낸 장소이다. 또한 하나님의 아들께서 종의 모습으로 낮아지셔서 돌아가시고 부활하신 곳이 바로 이 땅이다. 이처럼 이 땅은 죄와 은혜가 모두 각자 자신의 일을 수행한 무대이다. 죄가 이 땅 위에서 넘쳐났지만 그럼에도 불구하고 은혜가 더욱 왕노릇했다. 그리스도께서는 지금은 하늘에 계시지만 앞으로 이 땅에 나타나실 것이다. 또한, 천사들이 하나님의 사랑의 깊이를 알려고 했던 곳도 이 땅이다. 그리고, 그들이 하나님의 사랑의 결과가 영광 가운데 나타날 것을 보게 될 곳도 바로 이 땅이다. 인자께서는 이 땅 위에 낮아지셨고, 앞으로 또한 이 땅 위에서 영광을 받으실 것이다. 이 땅 자체는 우리 눈에 작아 보인다 할지라도 하나님께서는 이 땅 위에서 행해 오셨고 앞으로도 그러할 것이다. 그러므로, 이 땅은 하나님께는 작은 곳이 아닌 것이다.

하지만 교회에 있어서는 하늘이 우리가 거할 도성이다. 왜냐하면 우리는 하나님의 상속자이며 그리스도와 함께 한 공동상속자이기 때문이다. 우리는 그리스도의 형제이자 신부이며 그분의 가장 큰 사랑을 받은 공동상속자이고 그분의 영광을 함께 누릴 대상이므로 우리에게는 그분과 함께 놀라운 유업이 주어질 것이다.

  오늘 저녁에 여러분들에게 교회의 운명이 어떻게 될 것인지에 대해 말씀드렸다. 오직 성령님만이 우리로 하여금 하나님과의 사랑의 사귐이 가져다 주는 모든 달콤함을 느낄 수 있게 해주시며, 우리에게 주어진 영광의 탁월함을 느끼게 해 주실 수 있다. 지금까지 하나님의 말씀을 통해 교회의 영광에 대해 말씀드렸다. 여러분께서는 성령의 도우심을 통해 이 구절들을 참으로 깨달을 수 있을 것이고, 여러분께 말씀드리고자 했던 내용도 성령의 도우심을 통해 더욱 잘 이해하게 되리라 믿는다. 앞의 구절들을 통해, 지금 우리는 상속자인 교회가 모이고 있는 경륜 가운데 살고 있으며 구주께서 오시면 또 다른 경륜이 펼쳐질 것이라는 사실을 볼 수 있었다. 그 때가 되면 교회는 그리스도와 함께 만물을 유업으로 받아 누리게 될 것이며, 만물은 그리스도와 그분의 교회에게 복종하게 될 것이다. 교회는 그분과 연합되어 있고 그분과 함께 나타날 것이기 때문이다.

● 영광스러운 교회의 소망

마지막 때에 가서 무슨 일이 일어날 것인지에 대한 자세한 내용까지는 오늘 살펴보지 못했지만, 그 때에 하나님께서는 만유 가운데 모든 것이 되시고 그리스도께서는 하나님께 복종하실 것이다. 그 때에 성부 하나님께서는 하나님과의 사귐 가운데 영원히 복을 받은 가족의 머리로서 그 가족을 사랑하실 것이며, 그 가족 가운데는 그분의 장막이 있게 될 것이다. 성부 하나님, 성자 하나님, 성령 하나님의 이름이 영원토록 찬양을 받으옵소서, 아멘.

 교회가 자신을 세상으로부터 구별시키며 그리스도의 신부로서 합당한 속성을 간직할 수 있기 위해서는 이와 같이 위에서 살펴본 말씀들로 마음을 가득 채우고 성령께서 주시는 소망으로 가득차 있어야 한다. 우리는 우리의 모든 마음과 생각을 우리의 신랑되신 그리스도께 집중해야 한다.

Chapter 3

사도행전 1장
그리스도의 재림

오늘은 그리스도의 재림에 대해 말씀드리고자 한다. 많은 질문들이 이 큰 주제와 관련되어 제기되고 있다. 예를 들면, 적그리스도의 통치에 관한 질문이 한 예이다. 하지만 오늘은 그리스도의 재림이라는 주제 자체에 한정해서 여러 가지 말씀들을 살펴보고자 한다.

설교를 시작하면서 사도행전 1장을 읽어드렸다. 사도행전 1장에는 그리스도의 재림이 교회의 참된 소망이라는 사실이 잘 나타나 있다. 구주께서 승천하셔서 하나님 안에 감추어지려고 할 때, 승천하시는 주님을 멍한 눈으로 쳐다보고 있었던 제자들의 마음을 사로잡게 되었던 것은 바로 주님의 재림에 대한 약속이었다. 사도행전 1장을 보면 주님께서 막 그들을 떠나려고 하실 때 발견되는 세 가지 놀라운 특징이 있다. 첫째로, 제자들은 하나님께서 언제 어떻게 이스라엘 왕국을 회복시키실 것인지를 알고 싶어했다. 예수님은 그 질문에 대해 그런 일이 일어나지 않을 것이라고 말씀하지 않으셨다. 주님은 단지 아무도 그 때를 알 수 없고 아버지만 아신다고 말씀하셨다. 그 날과 그 때가 언제가 될 것인지는 아버지께서 자기의 권한에 두셨기 때문이다. 둘째로, 주님께서는 성령께서 곧 오실 것이라고 말씀하셨다. 셋째로, 제자들이 하늘을 쳐다보고 있는 동안에 두 천사가 그들에게 "갈릴리 사람들아 어찌하여 서서 하늘을 쳐다보느냐 너희 가운데서 하늘로 올리우신 이 예수는 하늘로 가심을 본 그대로 오시리라"고 말했다. 그래서 그때부터 그들은 그리스도의 재림을 기다리게 되었다.

교회사를 살펴보면, 교회가 영적으로 하락의 길을 걷게 된 것은 교회가 구주의 재림에 대한 기대를 잃어버린 것과 정확하게 비례한다는 것을 발견할 수 있다. 교회가 그리스도의 재림에 대한 진리를 잃어버리게 되자 교회는 약해졌고 세속적이 되었다. 말씀을 통해 우리는 그리스도의 재림에 대한 인식이 어떻게 사도들의 지성을 지배했고 그들의 소망을 지탱했으며 그들의 행동을 고양시켰는지를 살펴볼 수 있다. 이것을 살펴보기 위해서는 신약의 몇 가지 말씀만 보더라도 충분하다.

먼저 사도행전 3장 19-21절을 보자. "그러므로 너희가 회개하고 돌이켜 너희 죄 없이 함을 받으라 이같이 하면 유쾌하게 되는 날이 주 앞으로부터 이를 것이요 또 주께서 너희를 위하여 예정하신 그리스도 곧 예수를 보내시리니 하나님이 영원 전부터 거룩한 선지자의 입을 의탁하여 말씀하신바 만유를 회복하실 때까지는 하늘이 마땅히 그를 받아 두리라" 성령께서는 이미 이 땅에 오셨다. 성령님은 지금 교회와 함께 하신다. 그리고, "하나님께서 예수님을 보내실 때, 새롭게 되는 날이 주 앞으로부터 이를 것이다." 그러므로 여기서 말하는 이 때가 성령의 강림을 언급한 것이 아님을 알 수 있다. 성령님은 오순절에 이미 이 땅에 오셨고, 이 사실은 사도들의 입을 통해서 증거되었다. 하지만 성령께서는 아직 만유를 회복시키시지 않았다. 위의 구절에서는 예수님의 재림이 죽은 자들을 심판하고 또 이 세상을 불태우고 없애기 위한 것이 아니라, "하나님이 자신의 거룩한 선지자들의 입을 통해 말씀하신 대로 만유를 회복하시기 위해" 이루어질 것이라고 말씀하고 있다[6].

"주 예수 그리스도의 재림"에 관해 내가 이해하고 있는 것을 여러분들에게 전달하기 위해 위의 구절을 인용했다. 많은 사람들이 그리스도의 재림하시는 날에 모든 죽은 자들이 살아나고 심판을 받게 될 것으로 생각한다. 그래서 그리스도의 재림과 크고 흰 보좌 심판을 하나의 사건으로 이해한다. 하지만 그리스도께서 하늘로부터 보냄을 받아 친히 다시 오시게 될 사건을 언급하고 있는 사도행전의 이 구절은 천년왕국이 끝난 후에 크고 흰 보좌에서 이뤄질 죽은 자들에 대한 심판을 언급하고 있지 않다. 따라서 만일 우리가 이 구절과 요한계시록 20장을 비교해서 본다면, 예수 그리스도의 재림과 죽은 자들에 대한 심판이 별개의 사건이라는 것을 알게 될 것이다. 성경에서 우리는 그리스도의 재림과 죽은 자들에 대한 심판을 함께 언급하고 있는 것을 찾아볼 수 없다. 오히려 성경에서는 크고 흰 보좌에서 죽은 자들에 대한 심판이 집행될 때 이 땅과 하늘은 피하여 간데 없을 것이라고 말씀한다. "내가 크고 흰 보좌와 그 위에 앉으신 자를 보니 땅과 하늘이 그 앞에서 피하여 간데 없더라"(계 20:11) 하지만 주님께서 만유를 회복하시기 위해 재림하실 때, 주님은 이 땅에 내려오실 것이다.

이제부터 주님께서 친히 자신의 재림에 대해 어떻게 말씀하셨는지 살펴보고, 그 다음에는 성령께서 어떻게 지속적으로 주님의 재림에 대해 우리의 관심을 유도하셨는지를 살펴보자.

우선 마태복음 24장 27-33절을 읽어보라. 특히 30절은 주님의 재림을 직접 언급하고 있다. "그 때에 땅의 모든 족속들이 통곡하며 그들이 인자가 구름을 타고 능력과 큰 영광으로 오는 것을 보리라"(30절) 로마의 타이터스 장군이 AD 70년에 예루살렘을 멸망시킨 사건이 있었지만, 예루살렘 성의 멸망은 주님이 구름을 타고 능력과 큰 영광으로 오시는 것과는 아무 관련이 없다. 또한 이 구절에서 언급하고 있는 사건은 천년왕국이 끝나고 크고 흰 보좌 앞에서 죽은 자들이 심판받게 될 사건을 가리키는 것도 아니다. 죽은 자들이 심판받을 때에는 이 땅이 더 이상 존재하지 않을 것이지만, 이 구절에는 이 땅의 족속들이 언급되어 있다. 주님의 재림은 이 땅과 관련된 사건이다. "그 때에 땅의 모든 족속들이 통곡하며" 또한 이 사건은 성령의 권능이 나타남으로써 도래하게 될 천년왕국을 말하는 것도 아니다. 그리고 위의 말씀에서는 세상 사람들이 주님의 영광을 보게 될 것이라고 말씀하며 그 때에 그들이 통곡하게 될 것이라고 말씀한다. "이와 같이 너희도 이 모든 일을 보거든 인자가 가까이 곧 문앞에 이른줄 알라"(33절)

다음에는 마태복음 24장 42-51절을 보자. 이 구절을 교회가 주님의 재림을 기다리는 태도와 관련해서 생각해 보면, 우리는 교회가 얼마나 신실하냐 하는 것은 교회가 얼마나 그리스도의 재림에 관한 진리를 깨어서 지키고 있느냐에 달려있다는 사실을 알 수 있다. "만일 그 악한 종이 마음에 생각하기를 주인이 더디 오리라 하여 동무들을 때리며 술친구들로 더불어 먹고 마시게 되면" "이러므로 너희도 예비하고 있으라 생각지 않은 때에 인자가 오리라"

그 다음에는 마태복음 25장 1-13절을 보자. 우리는 이 구절을 통해 그리스도의 재림에 대한 기대 정도가 바로 교회의 영적 수준을 좌우한다는 것을 알 수 있다. 말하자면 그리스도의 재림을 얼마나 기대하고 있는가에 따라 교회가 얼마나 영적으로 건강한가를 보여주는 일종의 온도계와 같다는 사실이다. 앞의 말씀에서 신실하지 못했던 종들이

"주인이 더디 오리라"고 생각했던 것처럼 이 말씀에서는 신랑이 더디 오므로 열 처녀가 모두 잠을 잤다고 말씀한다. 열 처녀가 기다리고 있던 것은 죽음도 아니고 성령도 아니며 바로 신랑이 오는 것이었다. 모든 처녀들이 잠이 들었다. 성령의 기름을 준비하지 못했던 어리석은 처녀들은 물론이고 슬기로운 처녀들(참된 신자들)도 모두 잠이 들었고 그리스도의 임박한 재림을 잊어버렸다. 그들을 깨웠던 것은 바로 신랑이 오신다는 한밤중의 외침이었다.

마가복음 13장에도 이와 거의 동일한 말씀이 기록되어 있다. 마가복음 13장 26절을 보면 우리는 이 구절들을 로마 제국이 예루살렘을 침략했던 사건에 적용할 수 없다는 사실을 알게 된다[7]. 29절은 "너희가 이런 일이 나는 것을 보거든 인자가 가까이 곧 문 앞에 이른 줄을 알라"고 말씀하고 있다. 이러한 구절들에는 그리스도의 재림시에 죽은 자들에 대한 심판이나 크고 흰 보좌 심판이 있을 것이라는 언급은 찾아볼 수 없다. 오히려 요한계시록 20장에서 크고 흰 보좌 앞에서 죽은 자들이 심판을 받게 되는 날이 언급되어 있는데, 여기서는 마태복음 24장이나 마가복음 13장에 나오는 "지붕"이나 "밭"과 같은 표현은 발견할 수가 없다.

신약성경에는 이 세상을 떠나는 사람의 기쁨에 대해 언급한 부분이 네 군데가 있다. 첫 번째 경우는 십자가에 주님과 함께 매달려 있다가 회심한 강도가 주님께 "당신께서 당신의 왕국에 들어가실 때 저를 기억하소서"(눅 23:42-43)라고 말했을 때이다. 그 강도는 이 말을 할 때 예수님께서 이 땅에 영광 가운데 오셔서 왕국을 건설하실 것이라고 생각했다. 이것은 당시의 유대인들에게는 잘 알려진 친숙한 개념이었다. 주님께서는 그에게 "네가 오늘 나와 함께 낙원에 있을 것이다"라고 대답하셨다. 두 번째 경우는 스데반이 "주 예수여 제 영을 받으소서"(행 7:59)라고 했던 때이다. 그리고 세 번째는 바울이 "우리가 담대하여 원하는 바는 차라리 몸을 떠나 주와 함께 있는 것이라"(고후 5:8)고 했던 경우이다. 마지막으로 네 번째는 바울이 "내가 그 두 사이에 끼였으니 떠나서 그리스도와 함께 있을 욕망을 가진 이것이 더욱 좋으나"(빌 1:23)라고 말했던 경우이다.

사실 여기 이 땅에 남아 있는 것보다 그리스도와 함께 있는 것이 훨씬 더 좋다. 우리가 진정으로 바라는 것은 이 세상을 떠날 때 단순히 영광 가운데 들어가는 것만이 아니라, 우리가 세상을 떠날 때 죄를 그만두게 되고 죄가 닿을 수 없는 상태로 들어가며 죄로부터 벗어나 주님을 누리게 되는데 있다고 생각된다. 그렇다. 그러한 상태는 지금보다 훨씬 더 좋은 상태이다. 그리스도께서 아버지 하나님 우편에 앉아 계시면서 앞으로 다가올 일들을 기대하고 계시는 것처럼 우리 또한 그러한 날이 올 것을 기다리고 있다.

다음으로 누가복음 12장 35절을 보자. "허리에 띠를 띠고 등불을 켜고 서 있으라" 여기서 우리는 다시 신실하지 못한 종에 관한 비유를 볼 수 있다(앞의 비유와는 상황적으로 다르다). 주님께서는 "주인의 뜻을 알고도 예비치 아니하고 그 뜻대로 행치 아니한 종[기독교계의 모습과 얼마나 비슷한가!]은 많이 맞을 것이요, 알지 못하고 맞을 일을 행한 종[이교도들]은 적게 맞으리라"(눅 12:47-48)고 말씀하셨다. 모든 사람들이 주님 앞에서 심판을 받을 것이다. 기독교계는 유대인들이나 이교도들에 비해 유리한 점이 있었음에도 불구하고 현재 그들보다 더 나쁜 상태에 빠져 있다. "인자의 나타나는 날에도 이러하리라"(눅 17:30)

다음에는 누가복음 21장 27절을 보자. "그 때에 사람들이 인자가 구름을 타고 능력과 큰 영광으로 오는 것을 보리라" 주님께서 이 부분에서 말씀하신 무화과나무는 특별히 이스라엘을 상징하고 있다. 주님께서는 "이러므로 너희는 장차 올 이 모든 일을 능히 피하고 인자 앞에 서도록 항상 기도하며 깨어 있으라"고 말씀하셨다. 앞에서 살펴본 마태복음 24장과 마가복음 13장은 물론이고 누가복음 17장과 21장에서도 주님의 재림이 유대인과 관련되어 있음을 언급하고 있다. 즉, 이 말씀들은 이 땅에서의 상황과 관련되어 있다. 그리고, 누가복음 19장에는 은 열 므나를 받은 종들이 나오고 귀인을 거부한 원수들이 나오는데, 여기서 종들은 그리스도의 종들을 가리키고 원수들은 이스라엘 가운데 주님을 끝까지 거부하는 사람들을 가리킨다고 생각된다. 특히, 12,13,27절을 참고하라.

요한복음 14장 2-3의 말씀도 보라. "내 아버지 집에 거할 곳이 많도다 그렇지 않으면 너희에게 일렀으리라 내가 너희를 위하여 처소를 예비하러 가노니 가서 너희를 위하여 처소를 예비하면 내가 다시 와서 너희를 내게로 영접하여 나 있는 곳에 너희도 있게 하리라" 이 말씀에서 우리는 주님께서는 교회를 위해 오실 것이며, 그 때가 되면 교회가 주님께서 계시는 곳에 함께 있게 될 것을 확인할 수 있다. "이 예수는 하늘로 가심을 본 그대로 오시리라"(행 1:11)

그리고, 사도행전 3장에는 사도들이 유대인들에게 말씀을 증거한 내용이 나타나 있다. 사도들은 유대인들에게 "회개하라. 예수님께서 다시 오실 것이다. 너희들은 생명의 왕을 죽였다. 너희들은 거룩하고 의로운 분을 거절했다. 하지만, 하나님께서는 그를 죽은 자 가운데서 살리셨다. 그러므로 회개하고 돌이키라. 그분께서 다시 오실 것이다."라고 말했다. 주님께서는 3년 동안 자신의 무화과나무에서 열매를 기대하셨지만 열매는 맺히지 않았다. 오히려 농부들은 자신들을 포도원에 두신 주인의 아들을 죽이기까지 했다. 하지만 하나님의 아들이신 예수님께서는 십자가에 달리셨을 때 그들의 죄를 용서해 달라고 말씀하셨다. "아버지여 저희를 사하여 주옵소서 자기의 하는 것을 알지 못함이니이다" 성령께서는 다음과 같이 사도들의 입을 통해 예수님의 이러한 중보기도에 응답하셨다. "형제들아 너희가 알지 못하여서 그리 하였으며 너희 관원들도 그리 한줄 아노라...그러므로 너희가 회개하고 돌이켜 너희 죄 없이 함을 받으라 이같이 하면 유쾌하게 되는 날이 주 앞으로부터 이를 것이요" 하지만 사도행전을 볼 때 그들은 계속해서 성령님을 거스리며 저항했다(행 7:51).

● 영광스러운 교회의 소망

다음으로 사도행전 3장 20-21절을 보자. "또 주께서 너희를 위하여 예정하신 그리스도 곧 예수를 보내시리니 하나님이 영원 전부터 거룩한 선지자의 입을 의탁하여 말씀하신바 만유를 회복하실 때까지는 하늘이 마땅히 그를 받아두리라" 이 말씀은 하나님의 모든 뜻이 가지고 있는 위대한 목적을 언급하고 있다. 앞에서 우리는 하나님의 뜻의 비밀은 그리스도 안에서 만물을 함께 모으는 것(통일하는 것)이라는 사실에 대해 살펴보았다. 그런데 우리는 위의 말씀에 언급된 대로 하나님께서 자신의 거룩한 선지자들의 입을 통해 말씀하신 것은 이것과는 다른 것이라는 사실을 볼 수 있다. 위의 말씀에 언급된 것은 그리스도께서 이 땅에 다시 오실 때 일어날 일이다. 이러한 일이 어떻게 성취될 것인가? 이 일은 성령의 역사를 통해 이뤄지는 것일까? 그렇지 않다. 왜냐하면 "주께서 예수를 보내시리니"라고 되어 있기 때문이다. 나중에 성령께서는 믿는 사람들 위에 특히, 이스라엘 위에 부어질 것이다. 하지만 위의 말씀에 인용된 구절을 볼 때 이 일은 예수님의 다시 오심에 의해 일어날 일이다. 선지자들의 입을 의탁하여 말씀하신 것이 예수님을 보내시는 일을 통해 이뤄질 것이라는 사실에 대해 이 말씀보다 더 확실한 계시는 없을 것이다. 이 말씀이 갖고 있는 단순함과 능력을 어떻게 무시할 수 있겠는가?

우리는 사람의 타락을 보고 있다. 심지어 우리는 모든 피조물이 부패에 굴복한 것을 보고 있다. 그래서 신부인 교회는 신랑이 나타나기를 갈망한다. 죄로 인해 망가진 창조세계를 질서대로 다시 세우시고 만물의 상속자가 되실 분은 성령님이 아니라 예수 그리스도이시다. 세상은 성령님을 볼 수 없었지만, 예수님께서 영광 가운데 오실 때에는 세상이 그분을 보게 될 것이다. "모든 무릎을 예수의 이름에 꿇게 하시고" 성령께서 하시는 일은 이 땅의 만물을 질서대로 다시 세우는 것이 아니고, 예수님께서 다시 오실 것이라고 선포하는 것이다. 예를 들어, 베드로가 "만유를 회복하실 때까지는 하늘이 마땅히 그를 받아두리라"고 말했을 때 베드로를 통해서 말씀하신 분은 성령님이셨다. 그런데 하늘이 받아두리라고 베드로가 말한 분은 누구를 가리키는가? 하늘이 받아둘 분은 성령님이 아니라 예수님이시다. 성령께서는 이미 하늘에서 내려오셨기 때문이다. 우리가 할 일은 이 사실을 믿는 것 뿐이다.

이제부터는 서신서로 눈을 돌려보자. 주님의 재림은 계

속해서 교회의 살아있는 소망이었다. 우리는 로마서 8장 19-22절에서 주님께서 나타나실 때까지 피조물이 긴장 가운데 있을 것을 볼 수 있다. 요한복음 14장 1,3절 및 골로새서 3장 1-4절을 함께 살펴보라. 또한 고린도전서 1장 7절을 보라. "너희가 모든 은사에 부족함이 없이 우리 주 예수 그리스도의 나타나심을 기다림이라" 그리고, 에베소서 1장 10절에 대해서는 이미 살펴보았다. "하늘에 있는 것이나 땅에 있는 것이 다 그리스도 안에서 통일되게 하려 하심이라" 크고 흰 보좌에서 있게 될 마지막 심판, 즉 백보좌 심판 때에는 땅과 하늘들이 사라지고 없을 것이기 때문에, 하나님께서 그리스도 안에서 하늘과 땅의 만물을 하나로 모으시는(통일시키는) 일은 그 전에 있을 것이다.

다음으로 빌립보서 3장 20-21절을 보자. "오직 우리의 시민권은 하늘에 있는지라 거기로서 구원하는 자 곧 주 예수 그리스도를 기다리노니 그가 만물을 자기에게 복종케 하실 수 있는 자의 역사로 우리의 낮은 몸을 자기 영광의 몸의 형체와 같이 변케 하시리라" 또한 골로새서 3장 4절은 다음과 같이 말씀하고 있다. "우리 생명이신 그리스도께서 나타나실 그 때에 너희도 그와 함께 영광 중에 나타나리라"

그리고, 데살로니가전후서는 전적으로 그리스도의 재림에 대한 주제를 다루고 있다. 그 중에서도 데살로니가전서는 그리스도의 재림에 대한 언급으로 가득 차 있는 서신이다. 바울이 자신의 사역과 그 마음에 넘치는 기쁨에 대해 언급한 모든 것은 그리스도의 재림이라는 주제에 포함되어 있다. 우선 데살로니가에 있는 성도들의 회심 자체가 그리스도의 재림과 관련되어 있었다(1:10). 마게도냐와 아가야에 있는 사람들에게 훌륭한 본이 되었고, 그들의 믿음에 대한 소식이 널리 퍼져 있어서 거기에 대해 바울이 말할 필요가 없었던 데살로니가의 성도들은 "우상을 버리고 하나님께로 돌아와서 사시고 참되신 하나님을 섬기며 또 장래 노하심에서 우리를 건지시는 하나님의 아들이신 예수님이 하늘로부터 강림하심을 기다렸다."

사도 바울이 편지를 썼던 교회들 가운데 가장 건강했던 교회인 데살로니가 교회는 주님께서 자신의 다시 오심에 대해 가장 세부적인 사항을 계시하시기로 선택한 교회가 되었다는 점에서 주목할 만하다. "여호와의 친밀하심이 그를 경외하는 자들에게 있음이여"(시 25:14)

데살로니가에 있는 성도들의 믿음은 주변의 성도들에게

본이 되었다. 그들의 믿음은 온 세상에 알려졌다. 그들의 믿음은 무엇이었는가? 그것은 바로 주님께서 하늘로부터 오실 것을 기다리는 것이었다. 그리고 오늘의 우리에게도 데살로니가의 성도들이 가졌던 믿음과 동일한 믿음이 있다. 우리도 그들처럼 천년왕국이 시작되기 전에 주님께서 오실 것을 기다려야 한다. "우리의 소망이나 기쁨이나 자랑의 면류관이 무엇이냐 그의 강림하실 때 우리 주 예수 앞에 너희가 아니냐"(살전 2:19) 데살로니가전서 3장 13절을 보라. "너희 마음을 굳게 하시고 우리 주 예수께서 그의 모든 성도와 함께 강림하실 때에 하나님 우리 아버지 앞에서 거룩함에 흠이 없게 하시기를 원하노라" 분명히 이것은 사도 바울의 마음을 사로잡고 있던 지배적인 생각이었다.

다음으로 데살로니가전서 4장 13-18절을 보자. 이 부분을 볼 때 우리가 주목할 필요가 있는 것은 동료 그리스도인의 죽음을 지켜보았던 데살로니가 교회의 성도들을 위로하기 위해 사도 바울이 했던 말의 핵심내용이다. 바울은 그들에게 죽은 성도들이 예수님과 함께 다시 돌아올 것이고 그들이 서로 만나게 될 것이라고 말했다. 죽은 사람의 주변 사람들을 위로하기 위해 사람들은 보통 "슬퍼하지 마세요.

그는 영광 가운데로 갔습니다"라고 말한다. 하지만 바울은 이런 식으로 말하지 않았다. 바울은 어떤 신자의 죽음으로 인해 슬퍼하고 있는 데살로니가의 성도들을 위로하기 위해 "슬퍼하지 마세요. 하나님께서 그들을 다시 데리고 오실 것입니다."라고 했던 것이다.

사도가 말한 이같은 위로는 오늘날의 시각으로 보면 바보같은 말로 들릴지도 모른다. 이 말은 오늘날의 그리스도인들에게도 그다지 큰 위로가 되지 못할 수도 있다. 하지만 데살로니가의 성도들은 그리스도의 재림에 대한 기대로 가득 차 있었고 주님이 곧 다시 오실 것이라고 생각했기 때문에, 그 날이 이르기 전에 자신들 가운데 누군가가 죽으리라고는 미처 예상하지 못하고 있었다. 그래서 자신들 가운데 한 성도가 그들 곁을 떠나갔을 때, 그들은 떠나간 성도가 주님이 다시 오시는 복된 순간에 자신들과 함께 하지 못할 것이라는 두려움에 빠져들었다. 이러한 두려움에 대해 바울은 "예수 안에서 자는 자들도 하나님이 저와 함께 데리고 오시리라"(살전 4:14)는 사실을 말함으로써 그들을 안심시키고자 했다.

이러한 사실로부터 오늘날 우리는 초대교회 시대 처음

회심자들의 마음을 사로잡고 있던 소망으로부터 얼마나 멀어져 있는지를 알 수 있다. 우리 가운데서 주님의 재림에 대한 간절한 기대를 찾아보기가 너무나 어렵다. 우리는 지금 사도 시대의 성도들이 가졌던 소망으로부터 얼마나 멀리 벗어나 있는지 모른다. 우리는 몸을 떠난 영혼이 겪게 되는 중간적 상태라는 개념을 가지고 이러한 소망을 대치해 버렸다. 몸을 떠난 성도의 영혼이 겪는 상태가 우리가 이 땅에서 겪는 상태보다 훨씬 더 좋은 것은 사실이겠지만, 우리가 알아야 하는 것은 몸을 떠난 성도의 영혼은 어디까지나 주님의 재림의 때를 기다리고 있다는 것이다. 예수님께서도 자신의 재림의 때를 기다리고 계시고, 죽은 성도들도 이 때를 기다리고 있다.

사도 바울은 이에 대해 "이 장막에 있는 우리가 짐 진것 같이 탄식하는 것은 벗고자 함이 아니요 오직 덧입고자 함이니 죽을 것이 생명에게 삼킨바 되게 하려 함이라"(고후 5:4)고 말했다. 그리고 바울은 이처럼 자신의 소망이 그리스도의 생명의 능력에 있으며 죽을 것이 생명에게 삼킨 바가 될 것이라고 말한 후에, "이러므로 우리가 항상 담대하여 몸에 거할 때에는 주와 따로 거하는 줄을 아노니"라고 말했다. 즉, 그는 지금 당장 이 죽을 것이 생명에 흡수되는 것은 아니라 할지라도 내가 가진 담대함은 사망에도 결코 방해받지 않을 것이라고 말한 것이다. 우리는 이미 그리스도의 생명을 받은 자들이다. 이 생명은 결코 실패할 수 없는 생명이다. 비록 이 세상을 떠난다 할지라도 내 안에 있는 생명은 사망에 의해 영향을 받지 않을 것이다. 나는 이미 그리스도의 생명을 가지고 있다. 내가 만약 이 몸을 떠난다면 나는 이 생명의 근원이신 주님과 함께 있게 될 것이다.

데살로니가전서 4장 15-17절의 말씀과 관련해서 한 가지 더 언급할 내용이 있다. "주 강림하실 때까지 우리 살아 남아 있는 자도 자는 자보다 결단코 앞서지 못하리라 주께서 호령과 천사장의 소리와 하나님의 나팔로 친히 하늘로 좇아 강림하시리니 그리스도 안에서 죽은 자들이 먼저 일어나고 그 후에 우리 살아 남은 자도 저희와 함께 구름 속으로 끌어 올려 공중에서 주를 영접하게 하시리니 그리하여 우리가 항상 주와 함께 있으리라"

사도 바울이 만약 그리스도의 재림 이전에 천년왕국이 있을 것이라고 기대했다면, 그가 살아있던 당시에 어떻게

"그리스도께서 오실 때까지 우리 살아 남아 있는 자들"이라고 말할 수 있었겠는가?[8] 그의 마음 속에는 그리스도의 재림에 대한 계속적인 기대가 있었다. 그리고, 그에게는 이러한 재림을 기대할 수 있는 권리가 있었다. 그가 이러한 기대를 가진 것이 속임을 당해서 그렇게 된 것인가? 전혀 그렇지 않다. 재림은 분명한 사실이다. 바울은 항상 재림을 기대하고 있었다. 그리고, 이러한 그의 기다림은 의미있는 일이었다. 그는 이러한 기다림으로 인해 세상에서 구별된 삶을 살 수 있었기 때문이다. 우리가 만약 주의 재림을 항상 기대하고 있다면, 이생의 자랑이나 이생에서 더 부유하게 살려고 하는 계획들은 아무 쓸모가 없을 것이다. 우리의 인생을 결정짓는 것은 우리가 가진 소망이 어떤 것이냐에 달려있다. 우리의 소망대로 주님께서 다시 오실 때, 우리는 우리가 기다려온 소망의 열매를 거두게 될 것이다. 바울의 삶에 활력을 주었던 이러한 소망은 그의 생애 가운데 아름다운 열매를 맺었다. 그가 다음과 같이 고백할 수 있었던 것은 그가 가진 이러한 소망 때문이었다. "너희 온 영과 혼과 몸이 우리 주 예수 그리스도 강림하실 때에 흠없게 보전되도록 하나님께 기도하노라" (살전 5:23)

다음에는 데살로니가전서 5장 2-4절을 읽어보자. 여기서 우리는 이 날이 그리스도의 제자들에게는 도둑처럼 다가오지는 않을 것이라는 점을 주목할 필요가 있다. 데살로니가후서 1장 9,10절과 2장 3-12절도 보라. 예수님께서 재림하시기 전에 이 세상이 천년왕국의 복을 받을 것이라고 혹 생각한다면, 이 말씀에 있듯이 불법의 사람의 세력이 더욱 커지다가 그리스도의 영광스러운 나타남에 의해 멸망당할 것이라는 사실을 생각해 보라. 이러한 사실은 우리에게 재림하신 그리스도께서 이 땅에서 왕으로 다스리시는 문자적인 천년왕국을 믿지 않고 주님의 재림 이전에 성령에 의한 천년왕국이 있을 것이라고 믿는 사람들[9]의 주장이 틀린 것임을 보여준다. 바울의 시대에 이미 활동하고 있던 불법의 비밀은 불법의 사람이 나타날 때까지 계속될 것이고, 불법의 사람은 주님의 영광스러운 재림 때에 그의 입의 기운[10]으로 멸망을 받을 것이다. 이러한 사실을 고려해 보면 지금 우리가 살고 있는 이 상태가 과연 성령에 의한 천년왕국이라고 할 수 있겠는가?

다음으로는 디모데전서 6장 14-16절을 보라. "우리 주 예수 그리스도 나타나실 때까지 점도 없고 책망 받을 것도 없이 이 명령을 지키라 기약이 이르면 하나님이 그의 나타나심을 보이시리니 하나님은 복되시고 홀로 한 분이신 능하신 자이며 만왕의 왕이시며 만주의 주시요 오직 그에게만 죽지 아니함이 있고 가까이 가지 못할 빛에 거하시고 아무 사람도 보지 못하였고 또 볼 수 없는 자시니 그에게 존귀와 영원한 능력을 돌릴찌어다 아멘" 그리고, 디모데후서 4장 1절도 함께 보라. "하나님 앞과 산 자와 죽은 자를 심판하실 그리스도 예수 앞에서 그의 나타나실 것과 그의 왕국을 두고 엄히 명하노니"[11]

다음으로 디도서 2장 11-13절을 보라. 이 구절에서 우리가 알 수 있는 것은 하나님의 은혜가 이미 나타났는데, 이 은혜는 첫째로 우리에게 우리가 어떻게 살아야 하는지를 보여주며 둘째로는 우리로 하여금 영광을 기대하며 살도록 해준다는 것이다. 은혜는 이미 나타났고, 그것은 우리에게 예수 그리스도의 영광스러운 재림을 기대하도록 가르친다. 그 다음에는 히브리서 9장 28절을 보자. "이와 같이 그리스도도 많은 사람의 죄를 담당하시려고 단번에 드리신바 되셨고 구원에 이르게 하기 위하여 죄와 상관 없이 자기를 바라는 자들에게 두 번째 나타나시리라" 우리의 대제사장께서는 자신의 중보사역을 끝마치시게 될 때 성소로부터 나오실 것이다(레 9:22-24). "보라 심판자가 문밖에 서 계시니라"(약 5:9)

이번에는 베드로후서 1장 16-21절을 보자. "우리 주 예수 그리스도의 능력과 강림하심을 너희에게 알게 한 것이 공교히 만든 이야기를 좇은 것이 아니요 우리는 그의 크신 위엄을 친히 본 자라 지극히 큰 영광 중에서 이러한 소리가 그에게 나기를 이는 내 사랑하는 아들이요 내 기뻐하는 자라 하실 때에 저가 하나님 아버지께 존귀와 영광을 받으셨느니라 이 소리는 우리가 저와 함께 거룩한 산에 있을 때에 하늘로서 나옴을 들은 것이라 또 우리에게 더 확실한 예언이 있어 어두운데 비취는 등불과 같으니 날이 새어 샛별이 너희 마음에 떠오르기까지 너희가 이것을 주의하는 것이 가하니라 먼저 알 것은 경의 모든 예언은 사사로이 풀 것이 아니니 예언은 언제든지 사람의 뜻으로 낸 것이 아니요 오직 성령의 감동하심을 입은 사람들이 하나님께 받아 말한 것임이니라" 주님께서 산에서 변화되신 사건은 주님께서 영광 중에 오실 것에 대한 일종의 견본과도 같은 사건이었다[12].

다음에는 요한일서 3장 2-3절을 보자. "그가 나타내심이 되면 우리가 그와 같을 줄을 아는 것은 그의 계신 그대로 볼 것을 인함이니" 주님께서 나타나실 때 우리는 이전의 모습이 아니라 그분과 같은 모습으로 변화되어 있을 것이다. "주를 향하여 이 소망을 가진 자마다 그의 깨끗하심과 같이 자기를 깨끗하게 하느니라" 이러한 소망으로 마음이 가득 차 있는 사람은 그에 합당하게 행동할 것이다. 그리고 자신을 모든 일에 깨끗하게 할 것이다. 주님께서 나타나실 때 내가 그분과 같은 모습일 줄을 알기 때문에 우리는 지금의 삶에서도 최대한 그분과 같은 모습이 되어야 한다. 그리스도의 재림에 대한 이러한 진리는 얼마나 강력하고 효과적인지, 그리고 이러한 기대는 우리의 삶에 얼마나 실제적인 결과를 낳는지 모른다! 이러한 소망은 우리에게 거룩한 삶에 대한 동기가 될 뿐 아니라 거룩의 척도가 되기도 한다.

요한계시록 5장 10절을 보면 하늘에 있는 자들은 이렇게 노래한다. "우리가 땅에서 왕노릇하리로다"[13] 이 노래는 이미 하늘에 올라가 보좌를 둘러싸고 있는 성도들의 승리에 찬 말이다. 그들이 한 말은 "우리가 다스린다"가 아니라 "우리가 다스릴 것이다"이다. 그들은 주님과 마찬가지로 그 때가 오기를 기다리고 있다. 즉, 그들은 주님의 대적들이 주님의 발 아래 발등상이 될 때를 기다리고 있는 것이다.

다음에는 마태복음 13장 24-43절에 나와 있는 알곡과 가라지 비유를 살펴보자. 좋은 씨앗이 뿌려진 곳에 사단이 함께 심어놓은 가라지는 이 시대의 끝인 추수 때가 될 때까지 더욱 자라게 될 것이다. 다시 말해 사단이 심어놓은 이단 종파들, 거짓 교리들, 거짓 종교들을 비롯하여 이러한 모든 악은 그 때가 될 때까지 계속되고 증가하며 무르익게 될 것이다. 이러한 가라지들은 추수 때가 될 때까지 주님의 밭에서 함께 자라나게 될 것이다. 이 사실은 주님의 재림 이전에 성령에 의한 천년왕국이 있을 것이라는 사람들[14]의 주장이 잘못된 것이라는 또 다른 증거가 된다.

오늘 우리는 그리스도의 재림에 대한 기대가 심지어 이미 죽은 성도들을 포함하여 우리에게 모든 위로와 기쁨의 동기가 되고 교회의 거룩함에 대한 동기가 된다는 사실을 살펴보았다. 그리스도께서는 이미 몸을 떠난 성도들을 함께 데리고 오실 것이다. 우리는 또한 그리스도의 재림이 만물의 회복에 대한 수단이 된다는 사실과 함께, 추수 때까지 주님의 밭에서 가라지가 번성할 것이라는 사실도 살펴보았다.

주님께서 이러한 진리를 우리의 마음에 적용시켜 주서서 우리로 하여금 이 세상에서 구별되어 살게 하시며 주님께서 다시 오시는 날을 간절히 소망하게 해 주시고 그분의 깨끗하심과 같이 우리도 스스로를 깨끗하게 할 수 있도록 인도해 주시기를 기도한다. 심판받을 세상에서 우리를 구별시켜 주고 이 세상을 심판하실 분께 우리 자신을 긴밀하게 연결시켜 주는 이러한 진리보다 더 실제적이고 강력한 진리는 없을 것이다. 어떤 것도 이보다 더 우리를 정결하게 하고 우리를 위로해 주며 우리에게 활력을 주고, 또 주님과 함께 다스리게 되고 그분과 영광을 함께 나눌 우리로 하여금 우리를 위해 고난받으신 주님과 함께 고난받게 하고 그분과 동일시하도록 해주지는 못한다. 우리가 만약 주님께서 오실 것을 매일 기대하고 산다면, 우리에게는 이 시대의 그리스도인들에게서는 좀처럼 찾아보기 어려운 자기를 부인할 수 있는 능력이 나타날 것이다. 우리 가운데 어느 누구도 "주인이 더디 오리라"고 말하는 사람이 없게 되기를 간절히 바란다.

Chapter 4

누가복음 20장
첫째 부활

오늘은 의인의 부활이라는 주제에 대해 말씀드리고자 한다. 의인의 부활은 악인[15]의 부활과는 분명히 구분되는 사건이다.

앞에서 우리는 그리스도께서 만물의 상속자가 되신다는 사실과 교회가 그분과 함께 공동상속자가 되었다는 사실을 살펴보았다. 그리고 그리스도께서 다시 오셔서 천년동안 다스리실 것에 대해서도 살펴보았다. 그리스도의 재림은 천년왕국이 끝나고 크고 흰 보좌 앞에서 집행될 심판이나 그 때 일어나게 될 불의한 자들의 부활과 혼동해서는 안된다. 이제 우리는 교회가 그리스도의 이러한 재림에 동참할 것에 대해 첫째 부활이라는 주제를 가지고 살펴보고자 한다.

이와 관련해서, 여기서 예수 그리스도의 부활이 지상에서 그분의 사역이 완수되었음을 증명하는 사건이었다는 점을 굳이 언급할 필요는 없다고 본다. 이것은 이미 그리스도인들 사이에 널리 인정된 진리이기 때문이다. 이 점에 대해서는 로마서 1장 4절을 인용하는 것으로 충분할 것이다. "죽은 가운데서 부활하여 능력으로 하나님의 아들로 인정되셨으니" [16] 이러한 부활은 예수님께서 하나님의 아들이심을 보여주는 위대한 사실이다. 또한 그리스도의 부활은 사도들이 전파한 메시지의 위대한 주제가 되었고, 그들이 기록한 편지들의 기반이 되었으며, 모든 신약성경의 기초가 되었다.

오늘 설교를 시작하면서 우선적으로 말씀드리고 싶은 것이 있다. 그것은 우리가 다루고자 하는 이러한 주제에 접근할 때 사람들이 갖게 되는 어려움은, 하나님의 말씀이 단순하고 분명하지 않아서 발생하는 것이라기보다는 자신들이 이미 갖고 있던 선입견 때문에 말씀의 자연스러운 의미를 쉽게 놓치기 때문에 온다는 점을 말씀드리고 싶다. 우리에게는 우리가 성경을 제대로 알게 되기도 전에 성경의 가르침과는 달리 이미 자신의 선입관에 따라 생각하는 습관이 있다. 우리는 성경말씀 가운데서 일관되지 못한 부분을 보게 되었다던가 말씀들 사이에 서로 일치하지 않는 부분을 발견했다고 쉽게 말하지만, 이러한 발견이 우리가 이미 가지고 있는 선입견 때문에 발생했을 것이라는 점은 생각하지 못한다.

부활에 관한 교리 역시 사람들 사이에서 여러 가지 선입견 때문에 다양한 견해가 존재하고 있다. 하지만 우리는 성경말씀으로 돌아가서 성경이 말씀하는 바에 귀를 기울여야 한다. 부활의 교리는 참으로 중요한 교리이다. 이 교리는 우리의 소망을 그리스도와 교회라는 주제로 연결시켜 준다. 즉, 부활에 관한 진리는 우리의 소망을 그리스도 안에 있는 하나님의 뜻에 연결시켜 준다. 이 교리는 우리로 하여금 우리가 그리스도 안에서 전적으로 자유롭게 되었음을 알게 해준다. 우리는 "부활하신 그리스도와 연합"됨으로써 하나님의 생명에 참여한 자가 되었으며, 부활하신 그리스도께서는 우리가 그분을 영화롭게 하는 삶을 살 때 모든 능력의 근원이 되신다. 또한 부활의 교리는 우리로 하여금 우리가 가진 소망을 가장 견고하게 붙들게 해준다. 마지막으로 부활의 교리는 우리가 하나님의 능력에 의해 사단과 죄악, 사망의 영역을 벗어나 두 번째 아담이신 그리스도 안에서 새로운 피조물이 되었다는 사실을 포함해서 구원의 본질을 완벽하게 설명해준다.

성도의 영혼이 몸을 떠나 예수님께로 간다고 해서 영혼이 영화롭게 되는 것은 아니다. 하나님의 말씀에는 사람들이 영화롭게 되는 것이나 몸이 영화롭게 되는 것에 대해서는 언급하고 있지만, 영혼이 영화롭게 되는 것에 대해서는 언급한 적이 없다. 하지만 앞에서 언급한 대로 인간의 선입견이 하나님의 말씀의 자리를 차지해 버린 나머지, 교회 가운데서 부활에 대한 기대가 사라진 상태가 계속되어 왔다.

부활은 사도들의 가르침의 기초였다(행 1:22). "항상 우리와 함께 다니던 사람 중에 하나를 세워 우리로 더불어 예수의 부활하심을 증거할 사람이 되게 하여야 하리라" 부활은 사도들이 계속해서 증거했던 메시지의 주제였다. 이제부터는 사도들이 어떻게 이러한 부활을 증거했는지 좀 더 자세히 살펴보도록 하자.

먼저 사도행전 2장 24절을 보자. "하나님께서 사망의 고

통을 풀어 살리셨으니" 32절도 마찬가지이다. "이 예수를 하나님이 살리신지라" 또한 3장 15절도 보자. "생명의 주를 죽였도다 그러나 하나님이 죽은자 가운데서 살리셨으니 우리가 이 일에 증인이로라" 다음에는 4장 1-2절을 보자. "사도들이 백성에게 말할 때에 제사장들과 성전 맡은 자와 사두개인들이 이르러 백성을 가르침과 예수를 들어 죽은 자 가운데서 부활하는 도 전함을 싫어하여" 사도들의 가르침을 들은 사람들은 부활에 관한 교리야말로 사도들이 공개적으로 전파했던 핵심적인 교리라고 인식했다. 이것은 단순히 죽은 영혼이 하늘에 간다는 것이 아니라 죽은 자가 다시 살아날 것을 말한다. 주님께서 이 땅에 계셨을 때에 바리새인들이 주님의 큰 대적이었던 것처럼, 사단은 주님께서 이 땅을 떠나신 후에는 사두개인들을 일으켜서 부활의 교리에 대한 대적자가 되게 만들었다(행 4:1, 5:17).

  다음으로는 사도행전 10장 38,40,41절을 보자. 이 말씀을 보면 베드로가 백부장 고넬료와 그의 친구들 앞에서 부활이라는 근본적인 진리를 증거한 사실이 기록되어 있다. 그리고, 바울 역시 비시디아 안디옥의 유대인들에게 부활을 증거했다. "또 하나님께서 죽은 자 가운데서 저를 일으키사 다시 썩음을 당하지 않게 하실 것을 가르쳐 가라사대 내가 다윗의 거룩하고 미쁜 은사를 너희에게 주리라 하셨으니"(행 13:34)

이번에는 사도행전 17장 18-30절을 보자. 이 말씀에는 바울이 학식있는 이방인들 가운데서 부활을 전파했는데, 이것이 그들의 육신적인 지혜로 볼 때는 부딪치는 돌이 되었다는 사실이 나타나 있다. 소크라테스같은 헬라의 여러 철학자들은 윤회전생(輪廻轉生)을 통한 영혼의 불멸성을 믿었다. 그들은 호기심이 많은 사람들이긴 했지만, 바울로부터 죽은 자들의 부활에 대해 들었을 때 비웃었다. 우리가 어떤 불신자들과 영혼의 불멸에 대해서 이야기할 때는 말이 통하다가도 죽은 자들의 부활에 대해 이야기를 꺼내면 그들이 우리의 말을 조롱하는 경우를 많이 보게 된다.

왜 그런 일이 일어나는가? 사람들은 영혼의 불멸에 대해서는 그 사실이 인간 스스로를 높일 수 있고 자신의 중요성을 고양시킬 수 있기 때문에 그것을 이야기 하는 것을 좋아한다. 하지만 먼지가 되어버린 몸이 다시 살아나고 먼지와 같은 데서 영광스러운 존재로 변화되는 것은 오직 하나님만이 하실 수 있는 일이며 하나님께만 영광이 되는 일이기 때문에, 사람들은 부활 이야기를 싫어한다. 만약 먼지가 되어버린 몸이 하나님에 의해 살아있고 영광스러운 사람으로 재조직될 수 있다면 어떤 것도 하나님의 능력으로 능치 못할 일이 없게 된다. 영혼의 불멸이라는 관념은 자기(self)를 높이지만, 영혼의 불멸이 아니라 몸의 부활을 강조할 때는 사람의 무능력함이 드러나게 된다.

바울은 사도행전 23장 6절에서 그가 소환을 받은 것이 부활에 관한 교리 때문이라고 말했다(바울이 사두개인들과 상이한 바리새인들의 견해에 호소한 일이 잘한 것인지 못한 것인지는 논외로 하자). 사도행전 24장 15절에서도 바울은 동일한 사실을 말했다. 26장에서 바울은 자신이 잡혀온 이유가 바로 부활을 전했기 때문이라고 말했다. 26장 23절을 보라. 이러한 구절들을 볼 때 우리는 부활이야말로 사도들이 증거했던 가르침의 기반이며 신실한 성도들의 소망이었다는 사실을 쉽게 알 수 있다.

이제 두 번째 큰 부분으로 넘어가자. 지금부터 우리는 교회의 부활, 곧 의로운 자들의 부활을 살펴볼 것이다.

사도 바울은 말하기를 "의인과 악인의 부활이 있을 것이다"라고 했다. 그런데 여기서 우리는 의인의 부활은 악인의 부활과는 별개의 사건으로서, 의인의 부활과 악인의 부활은 동시에 일어나지 않고 동일한 원리에 따라 이뤄지지도 않는다는 점을 주의할 필요가 있다. 물론 이 두 사건은 모두 다 동일한 하나님의 능력에 의해 일어나지만, 의인의 부활에는 특별한 원리가 있다. 즉, 의인의 부활에는 의인들 안에 성령께서 거하신다는 점이 반영되는데 악인의 부활에는 이러한 특징이 없다. 로마서 8장 11절을 보라. "예수를 죽은 자 가운데서 살리신 이의 영이 너희 안에 거하시면 그리스도 예수를 죽은 자 가운데서 살리신 이가 너희 안에 거하시는 그의 영으로 말미암아 너희 죽을 몸도 살리시리라"

부활의 가치는 교회의 생명과 칭의, 담대함, 영광에 모두 영향을 미친다. 하나님께서는 "죽은 자를 다시 살리시는 하나님"이라는 이름으로 우리에게 알려지셨다(고후 1:9). 하나님께서는 우리의 죄가 가져온 결과의 마지막 깊은 곳 안으로 자신의 능력을 사용하신다. 즉, 하나님께서는 사망의 영역에서 사람을 끌어내셔서 죄의 모든 끔찍한 결과로부터 벗어난 곳으로 즉 하나님께 친밀한 생명으로 인도하시는 분이시다.

로마서 4장 23-25절을 보자. 우리가 그리스도를 믿도록 부름받은 것은 "죽은 자를 살리시는 하나님" 안에서 된 것이다. 우리에게 믿음에 의한 칭의를 가져온 권능은 바로 예수님의 부활이다. 이 말씀은 바로 이 사실을 증거하고 있다. "부활하신 그리스도와 우리가 연합"되어 있다는 사실은 우리가 하나님께 열납되었다는 것을 보여준다. 따라서 우리는 우리 자신을 무덤을 넘어선 존재로 여겨야 한다.

바로 이러한 점 때문에, 아브라함이 가졌던 믿음은 의롭게 하는 믿음이 되었다. "그는 자신의 몸을 죽은 것으로 여겼다." 그는 또한 "죽은 자를 살리시는 하나님을 믿었다." 바로 이러한 이유 때문에 그의 믿음은 "그에게 의로 여겨졌다."[17] 예수님이 부활하신 사실은 우리에게 부활의 진리를 확립시켜 주며 도덕적인 중요성을 갖는 위대한 증거였다. 이로 인해 우리는 하나님께서 죽은 자를 살리신다는 믿음을 갖게 되었다. 이러한 진리는 베드로전서에 분명하게 나타나 있다. "너희는 저를 죽은 자 가운데서 살리시고 영광을 주신 하나님을 그리스도로 말미암아 믿는 자니 너희 믿음과 소망이 하나님께 있게 하셨느니라" 우리는 부활하신 그리스도와 하나로 연합됨으로 말미암아 이러한 진리를 우리에게 적용할 수 있게 되었다.

다음에는 골로새서 2장 12절을 보자. "너희가 세례로 그리스도와 함께 장사한바 되고 또 죽은 자들 가운데서 그를 일으키신 하나님의 역사를 믿음으로 말미암아 그 안에서 함께 일으키심을 받았느니라" 교회의 머리이신 그리스도께서 부활해 계시기 때문에 그와 연합된 교회도 일으키심을 받았다. 교회의 부활은 심판을 받기 위한 부활이 아니다. 교회의 부활은 자신을 대신해서 심판을 받은 그리스도와 교회가 연합되어 있기 때문에 나타나게 되는 자연스러운 결과이다.

우리는 이 구절에서 위와 같은 진리들이 어떻게 함께 연결되어 있는지를 볼 수 있다. 교회가 그리스도의 부활에 함께 참여했기 때문에 교회의 부활은 사실이다. 우리는 그리스도 안에서 그분과 함께 일으키심을 받은 것이다. 우리는 예수 그리스도께서 장래에 우리를 무덤으로부터 불러내실 것이라는 사실을 믿을 뿐 아니라, 또한 우리가 지금 이미 "그리스도와 하나로 연합"되어 있다는 사실을 믿는다. 우리가 그리스도를 믿을 때 이미 그리스도와 함께 일으키심을 받은 것은 이처럼 우리가 그리스도와 연합되었기 때문이다. 물론 그리스도를 믿을 때 우리가 일으키심을 받았다는 말씀은 영혼에 대한 것이지 몸에 대한 것은 아니다[18]. 어쨌든, 교회가 의롭다함을 받은 것은 교회가 그리스도와 함께 일으키심을 받았다는 사실에 기초하고 있다.

이와 동일한 사실이 에베소서 1장 18절과 2장 4-6절에도 나타나 있다. 바울은 결코 "내가 구원을 받았으니 그것으로 충분하다"라고 말하지 않았다. 그는 우리의 영혼을 역동적으로 움직이게 만들고 우리의 감정을 고양시키며 우리의 전인격에 활력을 주고 우리를 지도하는 원동력은 바로 우리가 가진 소망에 있다는 사실을 알고 있었다. 그는 교회가 이러한 소망으로 가득차 있기를 원했다. 우리는 "나는 구원받았다"라고 말하는 것으로 결코 충분하지 않다는 사실에 주목해야 한다. 하나님의 사랑을 받았다는 사실만으로는 충분하지 않다. 우리가 아직 하나님의 아들의 모든 영광에 참여하지 못하고 있다면 우리는 결코 만족해서는 안된다. 우리는 하나님의 모든 뜻을 깨닫고 그것을 소망하는 일에 대해 결코 무관심해서는 안된다.

에베소서 2장 6절은 동일한 진리를 보여준다. 교회 안에 성령께서 거하신다는 사실은 하나님 앞에서 우리의 위치가 갖는 특징을 말해준다. 그리스도의 영께서 우리의 위로자가 되시고 우리의 연약함을 도우시며 우리가 하나님의 자녀라는 사실을 증거하시고 우리로 하여금 하나님을 섬길 수 있게 하시는 것처럼, 우리가 부활하게 될 것 또한 우리 안에 거하시는 성령으로 가능한 것이다. 교회의 부활이 악인의 부활과 완전히 다른 사건이라는 원리 또한 이러한 성령으로 말미암은 것이다. 우리의 부활은 성령께서 우리 안에 거하시는 결과로 일어난다(롬 8:11). 바로 이것이 핵심적 차이이다. 세상은 성령을 받지 못하는데, 그것은 "세상이 그분을 보지도 못하고 알지도 못하기 때문"(요 14:17)이다. 지금 "우리의 몸은 성령의 전이다."(고전 6:19). 그래서 우리의 영혼은 그리스도의 영광으로 가득차 있다(또는 적어도 가득차 있어야 한다). 우리의 몸은 성령의 전이기 때문에 우리 안에 거하시는 성령의 능력으로 말미암아 일으킴을 받을 것이다. 이러한 말은 악인들에 대해서는 결코 할 수 없는 말이다.

부활은 마지막 아담이신 그리스도의 세계로 우리를 이끌어들였기 때문에 (우리가 지금 이러한 부활의 생명에 참여한 바 되었기 때문에), 장차 그분께서 머리가 되시고 영광이 되시는 새로운 세계로 우리를 인도하게 될 것이다. 주님께서는 그러한 세계를 확보하셨으며, 부활하신 분으로서 거기에서 다스리실 것이다.

부활과 관련된 이러한 구절들을 볼 때 우리는 의인과 악인이 동시에 부활하는 것이 아니며, 또한 의인의 부활과 악인의 부활은 분명 구분되는 사건으로 언급되고 있다는 사실을 주목할 필요가 있다. 결국 모든 사람들은 부활할 것이다. 의인의 부활이 있고, 또한 악인의 부활이 있다. 하지만 이 두 가지 종류의 부활은 동시에 일어나지는 않을 것이다. 이 사실을 언급하고 있는 구절들을 연속적으로 살펴보고자 한다. 교회가 부활하는 것은 그리스도께서 다시 오실 때 일어난다(빌 3:20-21, 고전 15:23).

의인의 부활이라는 개념은 그리스도의 제자들에게는 친숙한 개념이었다. 누가복음 14장 14절에는 이 사실이 언급되어 있다. "이는 의인들의 부활시에 네가 갚음을 받겠음이니라" 두 종류의 부활이 동시적 사건이 아니라는 점에 대한 직접적인 증거구절들을 살펴보기 전에, 먼저 영혼의 불멸이라는 개념[19]이 누가복음 12장 5절과 20장 38절에 나타나 있기는 하지만 일반적으로 이것은 복음의 주제가 아니라는 점을 언급하고 싶다. 영혼의 불멸이라는 관념은 플라

톤주의의 산물이다[20]. 교회 안에서 그리스도의 재림이 부인되거나 또는 적어도 간과되기 시작한 때는 바로 이러한 영혼의 불멸 사상이 교회 안에서 부활의 진리를 대치하면서부터라고 할 수 있다. 이 일은 오리겐이 활동하던 시절에 일어났다. 나는 영혼 불멸 자체를 부인하지 않는다. 요점은 영혼의 불멸 사상이 교회의 기쁨과 영광이 되는 부활의 진리를 대치해 버린 것이 문제라는 것이다.

누가복음 20장 35-36절을 보자. "저 세상과 및 죽은 자 가운데서 부활함을 얻기에 합당히 여김을 입은 자들" 여기에 언급된 "죽은 자 가운데서의 부활"은 모든 사람에 적용되는 것이 아니라 그것을 받을 만 하다고 여김을 받을 사람들에게만 국한된다[21]. 그리고 여기에 언급된 "저 세상"은 그리스도와 함께 다스리는 기쁨을 얻게 될 사람들이 다스리게 될 세상, 즉 천년왕국을 가리킨다. 주님께서는 "저희는 다시 죽을 수도 없나니 이는 천사와 동등이요 부활의 자녀로서 하나님의 자녀임이니라"고 말씀하셨다. 악한 자들 또한 심판을 받기 위해 살아날 것이다. 하지만 의인들은 그리스도께서 얻으셨던 부활을 얻기에 합당하다고 여김을 받았기 때문에 생명의 부활로 나아올 것이다. 위에서 인용한 구절에서 우리는 하나님의 자녀들에게 해당되는 부활의 증거를 발견할 수 있다. 그들은 하나님의 아들들이며, 부활의 아들들이다. 하나님의 아들이 되고 부활에 참여하게 되었다는 것은 그리스도인들에게 주어진 영적 유업이다.

요한복음 5장 25-29절을 보자. "진실로 진실로 너희에게 이르노니 죽은 자들이 하나님의 아들의 음성을 들을 때가 오나니 곧 이 때라 듣는 자는 살아나리라 아버지께서 자기 속에 생명이 있음 같이 아들에게도 생명을 주어 그 속에 있게 하셨고 또 인자됨을 인하여 심판하는 권세를 주셨느니라 이를 기이히 여기지 말라 무덤 속에 있는 자가 다 그의 음성을 들을 때가 오나니 선한 일을 행한 자는 생명의 부활로, 악한 일을 행한 자는 심판의 부활로 나오리라" 어떤 사람들은 의인의 부활이 악인의 부활과는 별개로 구분된다는 것을 보여주기 위해 이 말씀의 뒷부분을 인용하는 것을 반대한다. 하지만 우리는 위에서 인용한 전체 구절이 우리가 살펴보고 있는 진리를 선언하고 있고 설명하고 있으며 강화시켜주고 있다는 사실을 보게 된다.

위의 구절에는 그리스도께서 얻으신 영광의 속성으로서 그리스도께서 행하시는 두 가지 행동이 나타나 있다. 즉,

한 가지 행동은 살리는 일이고 다른 한 행동은 심판하는 일이다. 그리스도는 자신이 원하는 사람들에게 생명을 주신다. 그리고, 그리스도에게 모든 심판이 맡겨져 있다. 이것은 심지어 악인들이라 할지라도 그들이 아버지를 공경해야 하는 것처럼 하나님의 아들을 공경하도록 하기 위함이다. 예수님께서는 이 땅에서 갖은 모욕을 당하셨다. 하지만 아버지 하나님께서는 주 예수 그리스도의 영광이 인정받기를 원하신다.

위에서 본 것처럼, 그리스도께서는 자신이 원하는 자들에게 생명을 주신다. 먼저는 그들의 영혼에 생명을 주시고, 그 다음에는 그들의 몸에 생명을 주신다. 반면에, 악한 자들에게는 예수님의 권리를 인정하도록 만드는 방법으로 그들을 심판하신다. 그리고, 이러한 심판은 예수님의 손에 맡겨져 있다. 생명을 주는 일에 관해서, 아버지 하나님과 아들 하나님께서는 함께 일하신다. 그래서 생명을 받은 사람들은 아버지와 아들과의 교제 가운데로 들어간다. 하지만 심판에 관해서 생각해 볼 것은, 아버지께서는 아무도 심판하지 않으신다는 것이다. 왜냐하면 이 땅에서 인간들에게 잘못된 대우를 받은 분은 아버지 하나님이 아니라 아들 하나님이시기 때문이다. 악인들은 아들에 의해 심판을 받을 때 어쩔 수 없이 예수 그리스도를 주라 시인하지 않을 수 없다.

그런데, 어떤 시점에 이러한 일들이 일어날 것인가? 악인들에 대해서는 심판의 때에 이러한 일이 일어날 것이다. 살아있는 악인들에 대한 심판은 주님께서 지상에 강림하실 때 일어날 것이고, 죽은 악인들에 대한 심판은 천년왕국이 끝난 후에 그들을 다시 살리신 후 크고 흰 보좌 앞에서 행해질 것이다. 하나님의 자녀인 의인들의 경우에는, 그들이 부활할 때 그들의 몸은 이미 그 영혼에 주어진 생명(그리스도 자신의 생명)에 참여하게 될 것이다. 그러므로 의인의 부활과 심판의 부활은 같지 않다.

이같은 내용을 간단하게 요약하자면, 하나님께서는 하나님 자녀들의 영혼에 이미 역사하신 것처럼 그들의 몸을 향해서도 적절한 때에 예수 그리스도의 살리는 능력이 역사하게 하실 것이라는 사실이다. 위의 구절에서는 "선한 일을 행한 자는 생명의 부활로, 악한 일을 행한 자는 심판[22]의 부활로 나오리라"고 말씀하고 있다.

하지만 어떤 사람들은 5장 28절을 근거로 해서 이에 대해 반대의견을 제시한다. "무덤 속에 있는 자가 다 그의 음성을 들을 때가 오나니" 이 구절을 근거로 이 사람들은 의인과 악인이 구분 없이 모두 함께 부활할 것이라고 주장한다. 하지만 그전에 25절에는 이런 말씀이 있다. "죽은 자들이 하나님의 아들의 음성을 들을 때가 오나니 곧 이 때라 듣는 자는 살아나리라" 이 말씀에서의 "때(hour)"는 구주께서 오신 후에 경과한 시간의 모든 영역을 의미한다. 영적으로 죽은 자들은 하나님의 아들이 이 땅에 살아계시던 동안에도 그 음성을 들었고, 지난 18세기 동안에도 그분의 음성을 들어왔다. 다시 말해 이 말씀에 언급된, 영혼에 생명을 주기 위한 때[23]는 그동안 이미 18세기가 경과[24]되어 왔다. 주님의 음성은 그 음성을 듣는 자를 영적으로 살리는 능력이 있다. 그러므로 이처럼 주님의 음성을 듣고 살아난 사람과 그렇지 않은 사람의 부활이 같을 수 없다. 주님의 음성을 듣고 영적으로 살아난 우리 거듭난 그리스도인들에게 있어 부활은 우리의 영혼을 살리신 예수 그리스도의 능력이 우리 "몸"에 적용되는 사건이다. 성도의 영혼은 이미 살림을 받았고 하나님의 생명이 있기 때문에 그 몸 또한 그 생명에 따라 일으킴을 받을 것이다. 우리는 하나님의 자녀이기 때문에, 그리고 성령께서 우리 안에 거하시기 때문에, 또한 우리가 (우리의 영혼에 관한 한) 이미 그리스도와 함께 살아났기 때문에 부활은 모든 역사 가운데서도 영광스러운 때가 될 것이다. 이처럼 영혼이 이미 살리심을 받은 자들을 위한 생명의 부활이 있고, 예수 그리스도를 거절한 사람들을 위한 심판의 부활이 있다.

다음에는 고린도전서 15장 20,23절을 보자. 이 구절들은 그리스도의 재림과 죽은 자들의 부활 사이에 존재하는 상관관계를 분명하게 보여준다. 이 장에는 부활의 순서가 분명하게 나타나 있다. "이제 그리스도께서 다시 살아 잠자는 자들의 첫 열매가 되셨도다"(20절) 이 말씀은 잠자는 자들의 첫 열매라고 말씀하고 있지 악인들의 첫 열매라고 말씀하고 있지 않다. 그리스도께 속한 사람들은 주님께서 다시 오실 때에 일어날 것이다. 그리고 나서, 끝이 되면 주님께서 그 왕국을 아버지 하나님께 바치실 것이다. 주님께서는 다시 오실 때 왕국을 취하실 것이지만, 끝에 가서는 그 왕국을 바치실 것이다. 그러므로 우리는 그리스도께서 이 땅에 나타나시는 것이 그리스도께서 왕국을 바치시는 것보다 먼저 있는 사건이라는 것을 알 수 있다[25]. 그리스도의 나타남은 악인들을 진멸하기 위한 것이다. 주님께서는 이 땅에 다시 나타나실 때, 이내 곧 세워질 자신의 왕국이 정결한 왕국이 되도록 하기 위해 그 당시 살아 있는 악인들을 심판하실 것이다. "먼저는 첫 열매인 그리스도요 다음에는 그리스도 강림하실 때에 그에게 속한 자요 그 후에는 끝이니"

이번에는 데살로니가전서 4장 14-16절을 보자. "예수 안에서 잠자는 자들도 하나님께서 그와 함께 데리고 오시리라" "그리스도 안에서 죽은 자들이 먼저 일어나고" 이 사건은 우리의 소망이 실현되는 사건이다. 이것은 성령께서 우리 안에 거하심으로써 생기는, 우리가 믿음으로 의롭다 함을 얻은 칭의의 열매이다. 죽은 의인들이 먼저 일어나고, 그 다음에는 살아있는 의인들이 변화되어 "저희와 함께 구름 속으로 끌어 올려 공중에서 주를 영접하게 될 것이다." 이 모든 일은 성도들에게만 국한되는 사건이다. 즉, 이 사건은 살아 있든 죽어 있든 그리스도께 속한 자들을 위한 것이며, 그들은 그 때부터 영원토록 주님과 함께 있게 될 것이다.

다음에는 빌립보서 3장 10-11절을 보자. "내가 그리스도와 그 부활의 권능과 그 고난에 참예함을 알려하여 그의 죽으심을 본받아 어찌하든지 죽은 자 가운데서 부활에 이르려 하노니" 만약에 의인과 악인이 같은 방법으로 함께 부활한다면 바울이 왜 이런 말을 했겠는가?[26] 여기서 죽은 자 가운데서의 부활은 첫째 부활을 가리킨다. 바울은 자신의 모든 것을 잃더라도 또는 어떤 고난을 받더라도, 그리고 자신이 어떠한 값을 치르더라도 의인들의 부활에 이르기를 원한다고 말했다. 이처럼 죽은 자들 가운데서의 부활은 교회에만 국한되는 것이다. 그래서 우리도 바울처럼 "푯대를 향하여 하나님이 위에서 부르신 부름의 상을 위하여 좇아가노라"고 말할 수 있다.

의인의 부활과 악인의 부활 사이에 경과되는 기간이 어느 만큼인가 하는 질문은 두 부활이 구분된다는 원리와는 별개로 살펴보아야 한다. 의인의 부활과 악인의 부활이 서로 구분된다는 사실에 대한 우리의 믿음은 하나님의 계시에 의존하고 있다. 오직 하나님의 계시만이 중요하다. 하나님께서는 자신의 영광을 위해 부활을 두 가지로 구분하셨다. 그리고, 두 부활 사이의 기간에 대해서는 요한계시록에서 "천년"이라는 말로 표현되어 있다. 두 부활 사이에는 천년이라는 기간이 존재한다. 요한계시록에서는 인자께서 이 땅에서 다스리시는 이 기간의 길이를 다음과 같이 표현하고 있다. "또 내가 보좌들을 보니....이마와 손에 표를 받지도 아니한 자들이 살아서 그리스도로 더불어 '천년 동안' 왕노릇하니 (그 나머지 죽은 자들은 그 천년이 차기까지 살지 못하더라) 이는 첫째 부활이라"(계 20:4-5)

첫째 부활의 때가 되면 세상은 우리가 하나님께서 은혜를 베푸신 대상임을 알게 될 것이며, 예수님께서 아버지께로부터 사랑을 입으신 것처럼 우리도 예수님의 사랑을 입은 자임을 알게 될 것이다.

만약 어떤 사람들의 주장처럼 성경에서 첫째 부활 곧 의인의 부활을 문자적으로 받아들이지 말아야 한다면, 어떻게 우리가 성경에서 악인의 부활을 문자적으로 받아들일 수 있겠는가? 우리는 악인의 부활이 성경에서 분명히 말씀하는 사실임을 인정한다. 그런데, 악인들이 부활하여 심판받을 것이라는 것을 아는 것만으로는 우리의 소망이 되기에도 부족하고 우리의 위로와 기쁨의 근원이라고 말하기도 어려운 작은 일에 불과하다. 오직 의인들이 먼저 부활할 것이라는 사실을 아는 것이야말로 참으로 귀한 것이며 우리가 가진 복의 절정이라고 할 수 있다. 그것은 하나님 안에서 우리를 향한 하나님 자신의 사랑이 완성되는 순간이며, 하나님께서 우리의 영혼에 생명을 주신 것처럼 우리의 몸에도 생명을 주시는 순간이 될 것이다. 그리고, 그것은 이 땅의 한 줌 먼지로 변해버릴 우리의 몸을 하나님 편에서 우리에게 주신 생명에 적합한 형태로 만드시는 놀라운 사건이 될 것이다. 우리는 하나님의 말씀에서 영혼이 영화롭게 된다는 것을 찾아볼 수 없으며, 몸이 영화롭게 된다는 말씀을 볼 수 있을 따름이다. 하나님의 말씀에는 하나님의 영광이 나타나 있으며, 부활하게 될 사람들의 영광이 또한 나타나 있다.

사랑하는 여러분들이여, 이러한 진리를 아는 지식이 여러분으로 하여금 모든 완전에 나아가도록 여러분의 마음을 강건하게 해주기를 바란다. 의인의 부활에 대한 이러한 진리는 오직 그리스도의 능력에 의존하고 있다. 성경에서는 이러한 진리를 아는 지식에다 "완전"이라는 말을 붙여주고 있다. 그리스도께서는 하나님 앞에서 자신의 상태와 위치에 있어 완전하게 되셨다. 우리 또한 우리의 영혼이 그리스도와 함께 살아났으며 나중에 우리의 몸 또한 그렇게 될 것이라는 사실을 아는 지식에 있어 믿음으로 완전하게 되었다.

우리의 몸과 혼과 영이 우리의 사랑하는 주님께서 오실 때까지 흠 없이 보전되기를 바란다! 또한, 그리스도 안에서 완성된 구원에 관한 모든 귀한 진리와 함께, 교회의 부활에 관한 이러한 진리가 우리의 마음에 굳게 뿌리내리기를 원한다. 우리가 받은 구원의 충만함 안에서 이 진리가 우리의 몸에 성취되는 그 날이 오기를 간절히 소원한다!

Chapter 5

다니엘 2장
이 땅에서 악의 발전

앞에서 우리는 그리스도의 형상을 닮도록 부름 받은 "교회와 그리스도와의 연합"에 대해 살펴보았고, 교회로 하여금 그리스도와 공동상속자로서 그리스도의 영광에 동참하도록 만드는 "교회의 부활"에 대해 살펴보았다.

오늘 살펴볼 주제는 그다지 기쁘거나 행복한 내용은 아닐 수 있다. 하지만 우리는 하나님께서 인간의 악함에 대해 어떤 뜻을 가지고 계시는지를 알 필요가 있다. 우리가 이것에 대해 알게 되면 우리의 영혼은 다음과 같은 큰 유익을 얻게 될 것이다. 무엇보다 먼저, 악이 어떻게 전개되는지 그리고 그러한 악이 초래하게 될 끔찍한 심판이 어떤 것인지에 대해 알게 되면 우리는 그것을 피하고자 하는 강한 동기를 얻게 될 것이다. 두 번째로, 우리는 악이 강한 세력으로 전개되고 있는 이 세상 가운데서 하나님의 능력을 더욱 더 의지하게 될 것이다. 오직 하나님만이 악을 제거할 수 있기 때문이다. "너희는 삼가 말하신 자를 거역하지 말라." (히 12:25-29) 이 구절은 악의 능력이 파멸될 때 일어나게 될 큰 변화에 대해 언급하고 있다.

앞으로 우리는 선(善)이 계속해서 발전되기를 바라는 우리의 희망에도 불구하고 악(惡)이 계속해서 발전할 것이라고 예상해야 한다는 점을 보게 될 것이다. 그리고 우리는 하나님의 심판이 집행되기 "전에" 이 땅이 여호와를 아는 지식으로 가득 차게 될 것이라는 소망이 잘못이라는 점도 살펴보게 될 것이다. 우리는 악이 세상에 가득 차서 주님께서 그것을 심판하셔야 할 만큼 발전하리라고 예상해야 한다. 이 땅이 여호와를 아는 지식으로 가득차는 것은 그러한 심판 이후에 일어날 일이다.

먼저, 신약성경은 계속해서 우리에게 악은 세상 끝에 이르기까지 계속해서 증가할 것이며 사단은 주님께서 사단의 능력을 파멸시키실 때까지 계속해서 악을 퍼뜨릴 것을 말하고 있다. 그리고 두 번째로, 여러분에게 이러한 악이 세속적인 권력으로 나타날 때 외부적으로 어떤 형태를 취하게 될 것인지 그 특성에 대해 말씀드리고자 한다. 즉, 오늘 저녁에 첫째, 기독교계에 배도가 일어난다는 사실을 말씀드릴 것이고 둘째로, 눈에 보이는 권력으로 나타나게 될 적그리스도의 형성과 타락, 멸망에 대해 말씀드리고자 한다.

먼저 마태복음 13장 36절에 나오는 가라지 비유를 살펴보자. "이에 예수께서 무리를 떠나사 집에 들어가시니 제자들이 나아와 가로되 밭의 가라지의 비유를 우리에게 설명하여 주소서" 사람들이 자는 동안에 원수가 와서 밭에 가라지를 뿌렸다. 종들이 주인에게 가라지를 뽑을지를 물었을 때 주인의 대답은 그냥 두라는 것이었다. 다시 말해, 주인은 추수 때까지 알곡과 가라지가 함께 자라도록 내버려 두라고 말했다. 주님께서는 이 비유를 말씀하신 후에 제자들에게 그 의미를 설명해 주시면서, 말씀의 좋은 씨앗이 뿌려진 밭에 사단이 심어 놓은 악은 끝이 올 때까지 계속해서 남아서 자라게 될 것이라고 설명하셨다.

이것은 악을 뽑아내려고 그리스도인들이 노력한다 하더라도 악은 심판의 날까지 남아 있을 것이라는 의미이다. 추수는 세상의 끝 곧 이 시대의 끝에, 다시 말해 그리스도의 재림으로 마감하게 될 세대의 끝에 있을 것이다. 우리는 하나님께서 지금 우리를 다루시는 것을 볼 때, 심판의 태도가 아니라 은혜의 태도로서 세상을 대해야 한다는 사실을 기억해야 한다. 우리는 세상을 심판하거나 판단하려고 해서는 안된다. 우리는 어떤 사람에 대해 그가 분명 사단의 자녀이며 우리와는 전혀 다른 영역에 살고 있다고, 즉 그는 가라지라고 확신 있게 말할 수 있을지도 모른다. 하지만 우리는 은혜를 가지고 행동해야 한다. 우리는 사단이 만들어 놓은 악에 동참해서도 안되지만 하나님의 은혜의 도구로서 행동해야 한다는 사실도 잊지 말아야 한다. 하나님께서는 우리로 하여금 이 세상에 좋은 씨앗을 뿌리는 일을 하도록 하시기 때문이다.

이 비유에서 말씀하고 있는 가라지는 단순히 악한 사람들이나 이교도들을 의미하는 것이 아니다. 이러한 것들은 이 비유에서 묘사된 가라지라고 하기 어렵다. 이 비유에서 말씀하고 있는 가라지는 예수 그리스도께서 좋은 씨를 뿌리신 후에 원수가 뿌려 놓은 특정한 악을 의미한다. 우리는 이것을 다양한 형태로 발견되는 진리의 부패나 이단사상이라고 부를 수 있다. 이러한 것들은 추수 때까지 남아 있을 것이다. 부패한 종교를 통해 사단이 만들어 놓은 이러한 악은 끝날까지 지속될 것이다. 그러므로 우리는 가라지를 뽑아내는데 노력을 쏟을 것이 아니라 하나님의 자녀들을 모으는 데 즉 예수 그리스도의 공동상속자들을 함께 모으는 데 우리의 모든 노력을 쏟아 부어야 한다[27].

다음으로 디모데전서 4장 1-2절을 보자. "그러나 성령이 밝히 말씀하시기를 후일에 어떤 사람들이 믿음에서 떠나 미혹케 하는 영과 귀신의 가르침을 좇으리라 하셨으니 자기 양심이 화인 맞아서 외식함으로 거짓말하는 자들이라" 이 말씀에서 우리는 복음이 이 세상에 더욱 편만하게 확장될 것이라고 무조건 긍정적으로만 생각할 수 없음을 볼 수 있다. 이전이나 지금이나 마찬가지로 마지막 때에도 하나님의 자녀들을 모아야 할 필요성은 변함없이 존재할 것이다. 하지만 마지막 때에 관해 우리가 예상해야 하는 것은 이 말씀이 그림으로 보여주고 있는 것처럼 "어떤 사람들이 믿음에서 떠날 것이라"는 사실이다. 베드로후서 2장 1-3절도 함께 보라.

그 다음에는 디모데후서 3장 1-5절을 보자. "네가 이것을 알라 말세에 고통하는 때가 이르리니 사람들은 자기를 사랑하며 돈을 사랑하며 자긍하며 교만하며 훼방하며 부모를 거역하며 감사치 아니하며 거룩하지 아니하며 무정하며 원통함을 풀지 아니하며 참소하며 절제하지 못하며 사나우며 선한 것을 좋아 아니하며 배반하여 팔며 조급하며 자고하며 쾌락을 사랑하기를 하나님 사랑하는 것보다 더하며 경건의 모양은 있으나 경건의 능력은 부인하는 자니 이같은 자들에게서 네가 돌아서라" 이 말씀에서 보듯이 말세에 사람들은 자기를 사랑하고 교만하며 하나님보다 쾌락을 좋아하고 사납고 악하며 경건의 모양만 있지 실제적 능력은 찾아볼 수 없는 악한 모습을 나타낼 것이다. 그들은 사람들로부터 항상 배우지만 진리의 지식에 이르지는 못한다.

우리는 앞의 구절에서 언급하고 있는 사람들과 같이 다른 사람들이 하는 말에 주의를 기울일 필요가 있을까? 그렇지 않다. 우리가 주의를 기울여야 하는 것은 사람들의 말이 아니라 하나님의 말씀이다. 예레미야가 하나냐에게 했던 말을 주목해 보기 바란다. "아멘 여호와는 이같이 하옵소서 여호와께서 네 예언대로 이루사"(렘 28:6). 우리는 물이 바다를 덮음 같이 여호와를 아는 지식이 온 땅에 충만하리라는 말씀을 들을 때에 "아멘"이라고 응답해야 한다. 우리는 주님을 아는 지식이 온 땅에 충만할 것이라는 것을 의심 없이 믿고 있다. 그럼에도 지금 우리의 질문은 이러한 사실 자체에 있지 않다. 우리의 질문은 이러한 일이 어떻게 이루어지느냐에 있다. 사람들은 이에 대해 자신들의 생각대로 여러 가지 말을 한다. 하지만 우리는 예레미야가 말한 대로 이러한 일은 사람의 말이 아니라 하나님께서 주신 예언대로 이루어질 것이라고 믿어야 한다. 이러한 일은 하나님의 말씀에 있는 대로 하나님의 심판에 의해 성취될 것이다. "주께서 땅에서 심판하시는 때에 세계의 거민이 의를 배움이니이다"(사 26:9)

"사람들이 자기를 사랑하며"(딤후 3:2) 디모데후서 3장에서 말하고 있는 이 사람들은 완전한 이교도나 주를 믿지 않는 이방인들을 말하는 것이 아니다. 오히려 명목상의 그리스도인들을 가리킨다. 왜냐하면 "경건의 모양은 있으나 능력은 부인하는 자니"라고 되어 있기 때문이다. 바울은 이런 사람들에 대해 사실상 로마서의 서두에 묘사된 가장 낮은 수준의 이방인과 같은 모습으로 그들을 묘사하고 있다. 이와 같이 마지막 때의 사람들에 관해서는 "그들은 더욱 악하여지고"라는 말씀이 덧붙여져 있다. 우리는 또한 디모데후서 4장 1-4절에서도 이와 같이 악이 발전할 것을 예상하고 있음을 보게 된다. "하나님 앞에서 엄히 명하노니… 때가 이르리니 사람이 바른 교훈을 받지 아니하며 귀가 가려워서 자기의 사욕을 좇을 스승을 많이 두고 또 그 귀를 진리에서 돌이켜 허탄한 이야기를 좇으리라"

우리는 서신서의 말씀들을 통해 사도들의 시대에도 이미 가라지가 심겨져 있었다는 사실을 볼 수 있다. 어떤 면에서 보면 이것이 우리에게는 잘된 일이다. 만약 이와 같은 일이 이보다 더 나중에 (성경이 완성된 후에) 일어났다면, 우리는 이러한 일들을 주의하라고 우리에게 경고하고 있는 이와 같은 종류의 슬픈 일들이 일어나게 될 때 우리가 어떻게 행동해야 하는지 지침을 주는 말씀을 소유하고 있지 못할 것이기 때문이다. 감사하게도 우리에게는 이같은 일에 대한 하나님의 완전한 빛이 되는 말씀이 있다.

다음에는 베드로전서 4장 17절을 보자. "하나님의 집에서 심판을 시작할 때가 되었나니" 이 말씀을 사도행전 20장 28-31절과 비교해 보라. "너희는 자기를 위하여 또는 온 양 떼를 위하여 삼가라 성령이 저들 가운데 너희로 감독자

CHAPTER 5 다니엘 2장

를 삼고 하나님이 자기 피로 사신 교회를 치게 하셨느니라 내가 떠난 후에 흉악한 이리가 너희에게 들어와서 그 양 떼를 아끼지 아니하며 또한 너희 중에서도 제자들을 끌어 자기를 좇게 하려고 어그러진 말을 하는 사람들이 일어날 줄을 내가 아노니 그러므로 너희가 일깨어 내가 삼 년이나 밤낮 쉬지 않고 눈물로 각 사람을 훈계하던 것을 기억하라" 교회사를 통해 볼 때 우리는 바울이 경고했던 대로 이러한 종류의 일들이 바로 사도들이 살아있던 당시에 이미 일어났음을 알게 된다.

  이번에는 요한일서 2장 18절을 살펴보자. "아이들아 이것이 마지막 때라 적그리스도가 이르겠다 함을 너희가 들은 것과 같이 지금도 많은 적그리스도가 일어났으니 이러므로 우리가 마지막 때인 줄 아노라" 이 구절에서 말씀하는 마지막 때는 예수 그리스도의 시기가 아니라 적그리스도들의 시기를 가리킨다. 이 구절에서 언급하고 있는 많은 적그리스도들은 끝 날에 등장할 큰 적그리스도의 선구자와 같은 존재들이다. 이 말씀에서 볼 수 있듯이 마지막 때의 특징은 이 땅에서 복음이 확장되는 것이 아니라 적그리스도가 등장하여 활동하는 것이다.

다음으로는 유다서를 보자. 이 서신의 주제는 배교에 대한 것이다. 4절에는 이러한 배교의 특징이 잘 나타나 있다. 이 서신에서 유다는 성도들에게 그들이 이미 받았던 것을 위해 힘써 싸우라고 권면하고 있다. 어떤 사람들이 그들 가운데 들어왔는데 그들은 배교를 일으키게 될 배아세포(胚芽細胞)와도 같은 존재였고 그러한 배교는 예수 그리스도의 심판 때까지 지속될 것이었다. 그러한 사람들의 특징을 자세히 묘사한 후에 유다는 15절에서 예수 그리스도께서 오실 때 심판을 받을 사람들은 바로 그들과 같은 사람들이라고 분명히 밝히고 있다. 교회가 시작된 바로 초기부터 교회 안에서 나타났던 이러한 악은 그리스도의 재림 때까지 남아 있을 것이다.

11절에서 우리는 이러한 사람들 사이에서 세 가지 종류의 배교 - 자연적인 배교, 교회적인 배교, 공개적인 반역 - 가 나타나는 것을 볼 수 있다. 이러한 배교에는 반드시 하나님의 심판이 임할 것이다. 첫 번째로 언급된 자연적인 배교에 대해서는 가인의 특징이 제시되어 있다. 그것은 미움, 불의와 같은 모습으로 나타난다. 두 번째로 언급된 교회적인 배교에 대해서는 발람의 어그러진 길로 갔다고 묘사되어 있다. 이것은 대가를 바라고 잘못된 것을 가르치는 악한 모습으로 나타난다. 세 번째로 언급된 공개적인 반역에 대해서는 고라의 사례가 대표적으로 나타나 있다. 고라는 통치자였던 모세와 대제사장이었던 아론의 권위를 대적하여 반역을 일으켰던 사람이다. 마지막 때에는 고라와 같이 모세와 아론의 모형 안에서 제시된 그리스도의 주권을 거역하는 반역을 일으킬 사람들이 생겨날 것이다. 안타깝게도 이 세상을 함께 모으는 것은 복음이 아니라 이러한 악이 될 것이다. "또 내가 보매 개구리 같은 세 더러운 영이 용의 입과 짐승의 입과 거짓 선지자의 입에서 나오니 저희는 귀신의 영이라 이적을 행하여 온 천하 임금들에게 가서 하나님 곧 전능하신 이의 큰 날에 전쟁을 위하여 그들을 모으더라"(계 16:13-14)

어떤 사람들은 타락한 기독교계의 세속적 권력이 심판으로 무너지면 복음이 그 자리를 차지하게 될 것이라는 기대를 펴기도 한다. 하지만 성령께서는 "네가 본 바 이 열 뿔[왕]과 짐승[재건될 로마 제국]이 음녀[교회 권력]를 미워하여 망하게 하고 벌거벗게 하고 그 살을 먹고 불로 아주 사르리라 하나님이 자기 뜻대로 할 마음을 저희에게 주사 한 뜻을 이루게 하시고 저희 나라를 그 짐승에게 주게 하시되 하나님 말씀이 응하기까지 하심이니라"고 말씀하셨다. 많은 그리스도인들은 이 세상에서 큰 음녀의 영향력이 무너지기를 원하며, 어떤 그리스도인들은 그렇게 되면 복음이 온 세상에 편만해질 것이라고 생각한다. 과연 음녀의 외적 권력이 무너지게 되면 열국들이 그리스도의 나라들로 되겠는가? 안타깝게도 그렇지 못하다. 그 나라들은 자신들의 권력을 짐승에게 갖다 바치게 된다.

전에는 큰 음녀가 짐승을 지배했지만 그 음녀의 권력과 부요는 빼앗기게 될 것이고, 열 뿔들은 자신들의 권력을 그 짐승에게 바치게 될 것이다. 이렇게 되면 참된 정체가 불확실하게 감춰져 있던 짐승의 참된 실체가 확실하게 드러나게 되고, 자기의 뜻을 관철시키려는 짐승의 강한 의지와 신성모독적인 특징이 그가 행하는 배교 가운데 분명하게 나타날 것이다. 이렇게 되면 그전에 존재하던 타락과 유혹의 권력은 하나님을 대적하는 공개적인 반역의 권력에 자리를 내주게 될 것이다. 이렇게 해서 우리는 이 세상이 타락에서 반역으로 옮겨가는 것을 보게 될 것이다.

다음에는 데살로니가후서 2장 3-12절을 보자. "누가 아무렇게 하여도 너희가 미혹하지 말라 먼저 배도하는 일이 있고 저 불법의 사람 곧 멸망의 아들이 나타나기 전에는 이르지 아니하리니 저는 대적하는 자라 범사에 일컫는 하나님이나 숭배함을 받는 자 위에 뛰어나 자존하여 하나님 성전에 앉아 자기를 보여 하나님이라 하느니라…" 주의 날이 이르기 전에 이상과 같은 모든 일들이 먼저 일어나야 한다. 우리는 하나님의 말씀을 있는 그대로 받아들여야 한다. 예를 들어, 앞에서 본 대로 여호와를 아는 지식이 온 땅에 충만할 것이라는 약속에 대해 지금까지 우리는 우리 시대에 우리가 그것을 이룰 것이라고 생각했지만, 하나님의 말씀에서는 이러한 일이 그리스도의 재림 때 있게 될 심판을 통해 성취될 것이라고 말씀하고 있다. 주님께서 악한 자를 멸하시게 될 입술의 기운은 복음이 아니라 그리스도의 심판의 권능에 의한 것임을 우리는 분명히 보아야 한다. 이사야 11장 4절을 보라. "그의 입술의 기운으로 악인을 죽일 것이며" 또한 이사야 30장 33절도 보라. "여호와의 호흡이 유황 개천 같아서 이를 사르시리라"

우리는 마지막 때에 나타날 적그리스도는 교회 역사의 처음부터 진행되어 온 이러한 악한 특징들을 자신의 인격 안에 결합시킨 존재가 될 것임을 볼 수 있다. 첫째로, 사람은 항상 자신의 뜻을 고집해 왔다. 둘째로, 사람은 하나님께 대항하여 자신을 높여 왔다. 셋째로, 사람은 자신을 사단의 지배 아래 두었다. 이같은 사실은 적그리스도라는 인격 안에서 재현될 것이다. 적그리스도는 하나님을 대항하여 자신을 높여온 인간의 모든 에너지의 화신이며, 자신의 뜻대로 행하는 왕이다. 그리고, 이러한 적그리스도의 등장은 사단의 능력을 좇아 이루어질 것이다. 적그리스도는 하나님을 대항하는 인간의 마음이 최고조에 이른 악한 결과물이라고 할 수 있다.

우리는 다니엘서에서 네 짐승이 차례대로 언급된 것을 알고 있다. 네 번째 짐승이 등장하기 전에 나타나는 세 가지 짐승들은 차례대로 바벨론 제국, 페르시아 제국, 헬라 제국(특히, 알렉산더의 제국)을 가리킨다. 그리고, 네 번째 제국은 로마 제국을 가리키는데, 이 짐승은 여러 짐승들 중에서도 가장 독특한 존재이다.

이러한 네 제국들이 등장하기 전에 처음에는 이 땅에 있는 하나님의 보좌가 예루살렘에 있었다. 여호와 하나님께서는 율법이 들어있는 성전 법궤 위에서 자신의 임재를 나타내셨다. 하지만 지금 우리가 들어와 있는 시기인 "이방인의 때"[28]가 시작되자 여호와의 보좌는 예루살렘에서 제거되었다. 이 사실은 에스겔 1장부터 11장까지에 잘 나타나 있다. 1장에서 에스겔 선지자가 그발강 가에서 보았던 여호와의 영광이 11장에서는 예루살렘을 떠나게 된다. 여호와의 영광은 집에서 떠나고(10:18-19), 예루살렘 도성에서 떠나게 된다(11:23). 여호와의 영광이 지상의 보좌를 떠났다는 것은 주목할 만한 일이다. 이러한 사실과 함께 우리가 주목할 것은 유다가 바벨론 제국에 의해 멸망당하면서 지상의 권력이 예루살렘에서 이방인들에게로 넘어갔고, 지상의 통치체계(통치권)가 이방의 사람들에게 맡겨졌다는 사실이다. 그래서 우리는 다니엘 2장 36-37절에서 다니엘이 바벨론 제국의 느부갓네살 왕이 꾼 꿈을 풀어주면서 "그 꿈이 이러한즉 내가 이제 그 해석을 왕 앞에 진술하리이다 왕이여 왕은 열왕의 왕이시라 하늘의 하나님이 나라와 권세와 능력과 영광을 왕에게 주셨고"라고 말하는 것을 볼 수 있다.

이와 같이 우리는 유다가 느부갓네살에게 멸망당했을 때 지상의 통치권이 느부갓네살과 같은 이방 제국에게 넘어갔다는 사실을 보게 된다. 느부갓네살은 거짓 종교를 강압적으로 만들었다. 그는 온 세상이 경배하도록 자신의 신상을 만들었고, 마음 속에서 스스로 높아졌다. 그래서 그는 하나님의 다루심을 받아 7년 동안 짐승처럼 살아야 했다. 다시 말해, 그는 자신에게 권력을 주신 하나님 앞에서 겸손하게 행동하지 않고 자신을 높였으며 자신의 뜻을 만족시키기 위해 세상을 정벌했다.

두 번째와 세 번째 제국은 생략하고 이제 네 번째 제국을 중심으로 살펴보자. 앞의 두 제국들은 우리의 논의에 직접적으로 중요하지 않으며 또 네 번째 제국의 특징을 좀 더 자세히 살펴볼 필요가 있기 때문이다. 유대인들은 느부갓네살에 의해 멸망당한 후에 오늘날까지 포로 상태로 지내왔다[29]. 바벨론 포로상태로부터 돌아온 사람들이 일부 있었지만 이방제국의 지배 아래서 완전히 벗어난 것은 아니었다. 하나님의 보좌는 아직까지 예루살렘에 다시 세워지지 않았다. 하나님께서 유대인들에게 잠깐 동안 그들의 땅에서 살도록 허락하셨지만 그것은 네 번째 제국인 로마 제국이 시작된 후에 하나님의 아들이 그 땅에서 나타나시도록 하기 위함이었다. 예수님께서 유대 땅에 태어나셨을 때 네 번째 제국인 로마는 제국의 형태를 갖추면서 전 세계적인 권력으로 등장하고 있었다(눅 2:1). 그래서 우리는 유대인과 이방인의 진정한 왕이신 하나님의 아들께서 바로 그러한 때에 그들에게 나타나셨다고 말할 수 있다.

그 때 예수님께서는 어떤 대접을 받으셨는가? 그들은 주님을 십자가에 못박았다. 하나님의 시야에서 볼 때 지상 종교의 대표였던 대제사장과 지상 권력의 대표였던 본디오 빌라도가 함께 연합해서 하나님의 아들을 거부하고 죽였던 것이다. 이렇게 해서 네 번째 제국은 메시야를 거절한 죄를 범하게 되었다. 조금 있다가 자세히 살펴보겠지만, 유다가 멸망당하고 이방제국이 예루살렘을 점령했을 때 유대인들은 제쳐짐을 받았다. 그리고 나서 얼마 후에는 천상적인 부르심을 받은 교회가 등장하게 되었다. 하지만 우리는 이 땅에서 교회의 역사는 악한 자가 뿌려놓은 씨와 그 씨로 말미암아 초래된 배교에 의해 방해를 받았음을 볼 수 있다. 이러한 타락은 짐승(과거와 동일한 로마 제국이 새롭고 최종적인 모습으로 발전된 형태)에 의해 공개적인 반역으로 발전하게 될 것이다.

하지만 짐승은 결국 심판을 받게 된다. "내가 보았는데 왕좌가 놓이고[30] 옛적부터 항상 계신이가 좌정하셨는데 그 옷은 희기가 눈 같고 그 머리털은 깨끗한 양의 털 같고 그 보좌는 불꽃이요 그 바퀴는 붙는 불이며 불이 강처럼 흘러 그 앞에서 나오며 그에게 수종하는 자는 천천이요 그 앞에 시위한 자는 만만이며 심판을 베푸는데 책들이 펴 놓였더라 그 때에 내가 그 큰 말하는 작은 뿔의 목소리로 인하여 주목하여 보는 사이에 짐승이 죽임을 당하고 그 시체가 상한바 되어 붙는 불에 던진바 되었으며"(단 7:9-11) 그리고 나서 인자의 왕국이 세워질 것이다. "내가 또 밤 이상 중에 보았는데 인자 같은 이가 하늘 구름을 타고 와서 옛적부터 항상 계신 자에게 나아와 그 앞에 인도되매 그에게 권세와 영광과 나라를 주고 모든 백성과 나라들과 각 방언하는 자로 그를 섬기게 하였으니 그 권세는 영원한 권세라 옮기지 아니할 것이요 그 나라는 폐하지 아니할 것이니라"(단 7:13-14)

이와 같은 왕국은 네 번째 짐승이 멸망당할 때 인자에게 주어지게 될 왕국이다. 그런데, 네 번째 제국의 심판과 멸망은 아직 일어나지 않았다. 이 사실은 다니엘 2장 34-35절을 보면 알 수 있다. "또 왕이 보신즉 사람의 손으로 하지 아니하고 뜨인 돌이 신상의 철과 진흙의 발을 쳐서 부쉬뜨리매 때에 철과 진흙과 놋과 은과 금이 다 부쉬져 여름 타작마당의 겨 같이 되어 바람에 불려 간곳이 없었고 우상을 친 돌은 태산을 이루어 온 세계에 가득하였었나이다" 사람의 손으로 잘라내지 않은 돌이 온 세계에 퍼지고 온 땅을 가득 채우기 전에 이 돌은 신상을 부쉬뜨리게 될 것이다. 금과 은과 놋과 철과 진흙이 바람 앞에 겨처럼 사라질 것이다. 이 가운데 어떤 일도 아직 성취된 적이 없다. 그리고, 이렇게 돌이 신상을 부수는 과정에서 신상의 특성이 변화된다는 언급은 찾아볼 수 없다. 오히려 돌이 신상을 부쉬뜨리고 가루로 만들게 되면 신상은 바람에 불려 자취도 찾아볼 수 없을 정도로 사라질 것이다. 위의 구절에서는 이에 대해 "간 곳이 없었고"라고 말씀하고 있다. 돌이 신상의 발을 칠 때 발에 해당하는 재건될 로마 제국은 신상의 나머지 부분과 함께 모두 사라질 것이다. 뜨인 돌이 신상을 치면 신상은 부서져서 가루가 되고 결국에 없어질 것이다. 그리고, 신상에 떨어졌던 돌은 이러한 심판 후에 온 땅을 가득 채우는 큰 산이 될 것이다.

 기독교가 이 땅에 생겨나서 퍼져가기 시작했을 때 네 번째 짐승인 로마 제국을 무너뜨렸는가? 그렇지 않다. 로마 제국은 기독교의 출현 이후에도 아주 오랫동안 지속되었다. 심지어 로마 제국은 기독교를 국교로 공포하기까지 했다. 더욱이 신상의 발은 그 때 당시에는 존재하지도 않았다[31]. 또한, 뜨인 돌이 신상 위에 떨어져서 신상을 부수는 일이 복음의 은혜를 나타내거나 또는 복음전파를 통해 이뤄지게 될 결과를 의미하는 것도 아니다. 뜨인 돌이 온 세상에 퍼져가는 일은 신상이 완전히 파괴된 후에 일어났기 때문이다. 신상을 완전히 파괴시켰던 그 돌이 온 땅을 가득 채우는 큰 산이 되는 모습은 여호와의 영광을 아는 지식이 온 땅을 가득 채우는 것을 의미하는데, 우리는 이러한 일은 네 번째 짐승이 심판을 받고 완전히 멸망당한 후에 성취될 것임을 알 수 있다.

이러한 네 번째 짐승의 역사에 관해서는 자세히 살펴보아야 한다. 어떤 사람들은 로마 제국이 우리 시대에는 더 이상 존재하지 않는다고 말한다. 하지만 이러한 사실은 오히려 우리가 지금까지 말해온 것을 지지해 주는 또 하나의 증거가 된다. 즉, 요한계시록 17장 8절을 보면, 천사가 요한에게 "네가 본 짐승은 전에 있었다가 시방 없으나 장차 무저갱으로부터 올라와 멸망으로 들어갈 자니 땅에 거하는 자들로서 창세 이후로 생명책에 녹명되지 못한 자들이 이전에 있었다가 시방 없으나 장차 나올 짐승을 보고 기이히 여기리라"라고 말하는 것을 보게 된다. 제국의 형태로서 로마 제국은 지금은 존재하지 않는다. 하지만 이것은 장차 무저갱으로부터 올라와 멸망으로 들어갈 것이며, 땅에 거하는 자들로서 생명책에 기록되지 못한 사람들은 이 짐승이 나타날 때 이를 보고 놀랍게 여길 것이다. 네 번째 짐승은 과거에 존재했다가 지금은 존재하지 않지만 앞으로 다시 등장할 것이다. 이 짐승은 참으로 악마적인 특징을 가질 것이며, 사단의 능력을 최고조로 드러내는 존재가 될 것이다[32].

  이 짐승에 대해 우리가 알게 되는 일반적인 사항은 우선, 이 짐승이 나타난 초기부터 이 짐승은 예수님을 이 땅의 왕으로 인정하기를 거부하는 죄를 범해왔다는 것이고, 둘째로는 이 네 번째 제국의 나중 시기에 큰 일을 말하는 작은 뿔이 생겨날 것이며, 마지막으로는 이 네 번째 짐승은 처음에 존재했다가 이후에 잠시 동안 존재하지 않게 되지만 나중에 무저갱으로부터 올라와 다시 등장하게 되고 결국에는 작은 뿔이 말하는 큰 말로 인해 멸망을 받을 것이라는 사실이다. 이 짐승은 데살로니가후서 2장 9절에서 묘사된 능력과 관련되어 있다. "악한 자의 임함은 사단의 역사를 따라 모든 능력과 표적과 거짓 기적으로 임하리니" 이 악한 자의 멸망에 대해서는 8절에 표현되어 있고, 요한계시록 17장 11절에는 이 짐승의 마지막 머리가 묘사되어 있다.

다니엘 11장 36절을 보자. "이 왕이 자기 뜻대로 행하며 스스로 높여 모든 신보다 크다 하며 비상한 말로 신들의 신을 대적하며 형통하기를 분노하심이 쉴 때까지 하리니 이는 그 작정된 일이 반드시 이룰 것임이니라" 이 구절을 보면 앞에서 본 데살로니가후서 2장 9절과 일치하는 것을 분명히 알 수 있다. 우리는 두 구절 모두에서 이 악한 자가 하나님을 대항하여 자신을 높일 것이라는 사실을 알 수 있다. 데살로니가후서에는 사단의 능력이 부가적으로 언급되어 있는데, 여기서는 배교와 불법과 관련되어 악한 자의 특징이 묘사되어 있기 때문이다. 이와 달리, 다니엘 11장에서는 악한 자가 이 땅에서 왕으로서 갖는 특징이 언급되어 있다. 앞에서 우리는 이 악한 자가 자신의 인격 안에 세 가지 악한 특징을 결합시킨 존재가 될 것임을 보았는데, 여기서는 그 가운데 세 번째 특징인 "사람의 뜻"이 나타나 있다. "이 왕이 자기 뜻대로 행하며"

이 악한 자는 요한복음 5장 43절에서 예수님이 말씀하신 내용과도 관련되어 있다. "나는 내 아버지의 이름으로 왔으매 너희가 영접지 아니하나 만일 다른 사람이 자기 이름으로 오면 영접하리라" 인간의 마음에 있는 불법은 네 번째 제국의 마지막 머리 안에서 최고조에 이르게 된다. 이사야 14장 13-15절은 바벨론 왕이라는 이름을 가진 자가 자기를 높이는 모습이 묘사되어 있다. "네가 네 마음에 이르기를 내가 하늘에 올라 하나님의 뭇별 위에 나의 보좌를 높이리라"

이 왕이 가로채려 하는 것은 바로 그리스도의 모든 권위이다. "내가 하늘에 오르리라" 이것은 오직 그리스도만이 하실 수 있는 일이다. "내가 하나님의 뭇별 위에 나의 보좌를 높이리라" 오직 그리스도의 보좌가 정사와 권세 위에 높아질 것이다. "내가 북극 집회의 산 위에 좌정하리라" 이것은 예루살렘에 있는 이스라엘의 큰 왕의 궁정이다. "내가 가장 높은 구름에 올라" 그리스도께서는 구름을 타고 오실 것이다. 그리스도만이 취하실 수 있는 높은 자리에 앉고자 했던 이 악한 자의 마지막은 "그러나 이제 네가 음부 곧 구덩이의 맨 밑에 빠치우리로다"와 같이 될 것이다.

여러분들이 그동안 귀하게 간직해 온 감정들이 오늘 밤의 설교로 인해 충격을 받지는 않았을까 걱정이 된다. 여러분은 지금 세대 동안에 복음이 온 땅에 충만히 퍼질 것이라고 소망해왔는데 오늘 우리가 살펴본 말씀은 그러한 소망과는 달리 마지막 때로 갈수록 오히려 악이 세상에 가득할 것이라고 말씀하고 있기 때문이다. 어느 곳에서든지 교회의 임무는 그리스도의 영광을 선포하는 것이다. 그런데 우리가 만약 이 세상에서 하나님의 말씀에 따라 우리 자신을 표현한다면, 우리는 앞의 말씀들에서 살펴본 것처럼 이 세상에서 권세가 있는 모든 것은 사실상 하나님과 상관이 없다는 사실을 경험하게 될 것이다.

세상에서는 인간의 모든 지성과 능력, 지식이 높임을 받는다. 앞으로는 더더욱 이 세상에서 인간의 마음에 매력적으로 보이고 인간의 생각을 압도할 수 있는 것들, 그리고 인간의 특징과 본성 안에 있는 자원을 최대한 드러낼 수 있는 것들이 나타나 세상을 놀라게 할 것이고, 이러한 성향은 결국에 가서 인간으로 하여금 짐승을 따르도록 할 것이다.

즉, 하나님을 대항하여 인간 자신을 높이려는 이러한 모든 움직임들은 결국에 인간들을 적그리스도의 영향력 아래로 들어가게 만들 것이다. 겸손히 그리스도를 섬기지 않고 자기를 높이고 드러내려는 모습은 인간이 가진 자연스런 성향이다. 하지만 하나님은 "자기를 높이는 자는 낮아질 것이라"고 말씀하셨다.

아마도 여러분은 이러한 식의 결론을 이야기하게 되면 이 땅에서 복음을 전하려는 노력에 찬물을 끼얹는 것이 아니냐고 반문할지도 모른다. 하지만 오히려 여러분이 헛된 소망을 붙들고 있다면 여러분의 삶은 잘못된 길로 인도받게 될 것이다. 그저 자신들의 생각에 기초한 소망을 가지고 있는 사람들에게는 이 세상에서 악이 발전할 것이라고 말해온 이러한 이야기들이 별로 격려가 되는 말이 아닐 것이다. 하지만 여러분 자신에게 이 질문을 해보기 바란다. 하나님께서 노아에게 세상을 멸망시키실 것이라고 말씀하셨고 노아가 이 세상에 하나님의 심판이 곧 이를 것이라고 확신했다고 해서, 이로 인해 그가 사람들에게 하나님의 말씀을 전파하려는 노력을 중단했는가 하는 것이다. 오히려 노아는 하나님의 심판이 임박했다는 확신으로 인해, 들을 귀가 있는 사람들을 얻기 위해 더욱 열심히 말씀을 전파했다. 종교계를 포함해서 악이 이 세상에서 더욱 더 교묘해지고 더욱 타락해갈 것이라는 확신은 진실되게 믿는 자들로 하여금 더욱더 서로를 사랑하게 만들 것이다. 그리고, 하나님의 심판이 임박했다는 생각은 복음 전도의 노력에 찬물을 끼얹기는커녕 오히려 우리로 하여금 사람들이 심판을 피할 수 있도록 하기 위해 그들에게 더욱 열심히 복음을 전파하도록 해준다.

여러분에게 가라지가 없어지지 않고 오히려 계속해서 자라날 것이라고 말했다고 해서, 좋은 씨앗이 성장하지 않을 것이라고 말하는 것이겠는가? 결코 그렇지 않다. 악이 만약에 심판받을 때까지 계속 자라난다면, 하나님께서는 그러한 악으로부터 선을 구별할 수 있는 능력을 우리에게 주실 것이다. 나는 하나님께서 이러한 방법으로 일하신다고 믿는다. 우리가 만약 여기 제네바에서 하루에 3천명이나 되는 사람들이 한꺼번에 구원받는 것을 보게 된다면, 우리는 천년왕국이 우리에게 이르렀고 복음이 온 세상에 금새 퍼져갈 것이라고 생각할 수 있을지도 모르겠다. 그런데 실상은 어떤가? 아마도 우리들은 여기에서 일년을 다 합쳐도 3

천명이 구원받는 것을 보기 어려울 것이다.

그렇다면, 예루살렘에서 수천명이 구원받은 사건은 과연 무엇을 입증하는 것이겠는가? 그 사건이 보여주는 것은 하나님께서는 예루살렘 성을 장차 곧 심판하실 것이기 때문에 패역한 세대에서 구원받기로 작정된 사람들을 거기서 건져내셨다는 것이다. 우리는 이 세상에서 악이 증가하는 것을 보게 되고 하나님께서 믿는 자들을 그 가운데서 건져내시는 일을 하고 계시는 것을 볼 때마다, 하나님의 심판이 가까이에 이르렀다는 표시로 받아들여야 한다. 하나님께서 오늘날 성령을 통해 능력 있게 일하신다는 것을 부인할 수는 없다. 우리는 이 사실에 대해 마음을 다해 하나님께 감사해야 한다. 장차 곧 심판받을 세상에서 하나님은 자신의 자녀들을 이끌어내고 계신다는 사실은 우리에게는 하나님의 심판에 대한 표시가 되고 있다.

심판이 임박했다는 두 가지 표지가 있다. 하나는, 경건의 모양이 외부적으로만 증가하고 있고 인간의 모든 자원들이 놀라운 방법으로 개발되고 있다는 사실이다. 또 다른 하나는, 그리스도인들이 이러한 분위기로 인해 세상에서 점차 소외되고 있다는 사실이다. 하지만 어떤 상황에서든지 우리가 우리의 주인되신 주님을 위해 일하는 것을 막을 수는 없을 것이다. 한편으로 우리는 은혜의 역사가 더욱 깊어지고 확장되며 하나님께서 자신의 자녀들을 주변의 악으로부터 분리시키고 계시는 것을 본다. 또 한편으로 우리는 악한 자의 모든 원리들이 분명하게 발전되고 있는 것 또한 본다. 하나님의 말씀을 통해서 우리는 현재의 세대가 종말을 고하게 될 것이며 이 세상에서 악은 악한 자가 그리스도의 임하심으로 인해 멸망받게 될 때까지 더욱 더 자라가게 될 것을 본다.

오늘의 설교를 주님께서 우리에게 주신 경고의 말씀으로 마치고자 한다. 로마서 11장 22절을 보자. "그러므로 하나님의 인자와 엄위를 보라 넘어지는 자들에게는 엄위가 있으니 너희가 만일 하나님의 인자에 거하면 그 인자가 너희에게 있으리라 그렇지 않으면 너도 찍히는바 되리라" 기독교계는 그동안 하나님의 인자하심을 충성되게 지켜 왔는가? 우리가 기독교계의 과거 역사와 오늘의 현실을 볼 때 기독교계는 사실상 완전히 타락하고 말았다는 사실을 인정하지 않을 수 없다. 과거 이스라엘이 하나님께 충성되지 못했듯이 이방인들 역시 하나님께 충성되지 못하고 있다.

이러한 상태가 다시 되돌려질 수 있을까? 우리가 앞에서 이 시대에 대한 하나님의 경륜을 살펴보았듯이 그것은 불가능한 일이다. 유대인들이 하나님의 인자에 거하지 못했기 때문에 하나님에 의해 잘려 나갔던 것처럼 기독교계 역시 타락으로 인해 결국에는 마찬가지로 잘려나갈 것이다. 하나님께서 우리에게 은혜를 주서서 우리가 가진 복스러운 소망을 계속해서 붙들게 하시며, 하나님의 변함없는 인자하심에 계속해서 거하게 하시기를 바란다.

Chapter 6

다니엘 7장
악의 두 가지 특징 :
교회의 배도와 세속 권력의 배도

우리는 지금까지 교회가 가진 복에 대해서 살펴보았다. 그리고, 바로 지난 시간에 우리는 끝 날이 올 때까지 이 땅에서 악이 어떻게 발전해 가는지에 대해서 살펴보았다. 이러한 악은 두 가지 특징 - 교회의 배도와 세속 권력의 배도 - 을 가지고 있다. 악의 능력과 하나님의 심판 사이에 존재하는 관계를 볼 때 이러한 특징들은 하나님의 자녀들과도 깊은 관련성을 가지고 있다. 악이 최고조에 이를 때 하나님께서는 악을 멸망시키실 것이다.

다니엘 7장에는 천사가 다니엘에게 그가 보았던 짐승들

에 관한 이상을 해석해주는 장면이 나타나 있다. 상징적 예언들이 보통 그러하듯이 여기에도 많은 새로운 특징들이 포함되어 있다. 다니엘이 천사로부터 들은 해석 가운데는 성도들에게 일어날 모든 것들이 포함되어 있다. 하지만 다니엘 7장에서 다루고 있는 주요 주제는 짐승이 지극히 높은 하나님을 대항하여 자신을 높인다는 사실에 있다.

우리는 이 땅에서 악이 나타나는 것과 관련해서 두 가지 특징을 볼 수 있다. 첫 번째는 교회의 배도이고, 두 번째는 세속 권력의 배도이다.

첫 번째, 교회의 배도는 원리상으로 볼 때 이미 일어났다(여기서 말하는 교회는 이 땅에서 외부적으로 기독교의 형태를 띠고 있는 기독교계 전체를 가리킨다). 교회의 배도는 마지막 때에 더욱 강력하게 일어날 것이다. 두 번째, 세속적 권력은 모든 통치권의 주인이신 그리스도(하나님께서 이 땅에서 왕으로 세우실 그리스도)를 대항하여 일어날 것이다. 이러한 반역은 네 번째 짐승인 로마 제국의 때에 일어날 것이다[33].

오늘의 주제로 바로 들어가기 전에 마태복음 25장에 대해 몇 가지를 언급하고자 한다. 이 장에 대해서는 우리가 나중에 열국에 대해 언급할 때 다시 살펴볼 것이다. 끝날에 존재하고 있을 이 땅의 모든 사람들은 그리스도께 복종하여 그 결과로 구원을 받든지 아니면 그리스도께 반역하여 그 결과로 멸망을 당하든지 둘 중에 하나가 될 것이다. 이 장에서 다루고 있는 주제와 관련된 의심들을 없애기 위해서는 몇 가지 언급이 필요하다. 사람들은 보통 마태복음 25장에 언급되어 있는 심판은 최후의 심판이자 일반적인 심판[54]이라고 생각한다. 하지만 그들의 생각은 틀렸다. 여기에 언급된 심판은 죽은 자들에 대한 심판이 아니라 이 땅에 살아있는 사람들에 대한 심판을 가리킨다. 그래서 나는 죽은 자들에 대한 심판을 다룰 때 이 부분을 언급하지 않았다.

다시 말씀드리지만, 마태복음의 이 부분은 죽은 자들의 부활과는 아무 관련이 없다. 마태복음 24장과 25장에는 유대인들에 대한 심판을 언급하고 있다. 이스라엘 민족에게 무슨 일이 일어날 것인지가 나타나 있으며, 그 다음에는 믿는 자들에게, 그리고 그 다음에는 이방인들에게 무슨 일이 일어날 것인지가 나타나 있다. 이러한 심판은 죽은 자들에 대한 심판이 아니라 살아있는 자들에 대한 심판을 가리키고 있다. "모든 민족을 그 앞에 모으고 각각 분별하기를 목자가 양과 염소를 분별하는것 같이 하여" 어떤 사람들은 "저희[악인들]는 영벌에, 의인들은 영생에 들어가리라"는 말씀을 읽고 이 부분이 죽은 자들에 대한 심판이라고 생각한다. 하지만 이 말씀은 그리스도께서 지상 강림하실 때 대환난 가운데서 살아 남은 사람들에 대한 심판을 가리킨다. 따라서 이것은 살아있는 자들에 대한 심판이 죽은 자들에 대한 심판과 마찬가지로 최종적이라는 사실을 우리에게 알려준다. 하나님께서 살아 있는 사람들을 심판하실 때, 그분의 심판은 누군가는 영벌에 누군가는 영생에 들어가게 하는 힘이 있다. 살아있는 자들에 대한 하나님의 심판은 죽은 자들에 대한 심판과 마찬가지로 확실하다.

앞에서 나는 주로 가라지에 대해서만 언급을 했다. 즉 이 땅에서 외부적으로 나타난 형태로서의 교회[35] 가운데 배도가 일어난다는 사실을 살펴보았고, 이 땅에서 악이 어떻게 발전해 가는지에 대해서도 살펴보았다. 이제 나는 외부적 형태로서의 세속적 권력의 배도와 그 권력에 임하게 될 하나님의 심판에 대해 말씀을 드리고자 한다. 하나님의 진노는 배도한 권력 위에 쏟아 부어질 것이다. 끝날이 되면 배도한 교회의 권력은 세속적 권력에 의해 소멸될 것이다[36].
하지만 세속 권력이 자신을 높이게 되더라도 교회 권력은 여전히 배후에서 큰 영향을 행사하게 될 것이다.

배도한 교회는 더 이상 짐승 위에 올라타서 짐승을 다스리는 힘을 휘두르지는 못하게 되겠지만 더욱더 신비한 형태를 취하게 되고 그래서 더욱더 위험한 존재가 될 것이다. 외적인 장엄함은 없어질 것이지만 그것의 신비한 영향력은 여전히 남아 있을 것이다. 인간들은 배도한 교회의 교만함을 통해 인간 스스로를 높이고, 하나님을 대항하기 위해 연합하기 시작할 것이며, 멸망의 아들이 활동할 수 있는 길을 예비하게 될 것이다.

교회가 외부적으로 최고의 권세를 잡고 있든지 아니면 외부적 힘이 소멸되든지 간에 교회적인 악은 이처럼 항상 최악의 상태에 있을 것이다. 그리고, 마지막 때에는 또한 세속적 권력의 배도가 나타날 것이다. 성경에는 모든 세속적 권력이 하나님에게서 난 것이라고 말씀하고 있다. 교회가 하나님께 반역함으로써 교회의 합당한 힘과 특징을 잃어버리게 되었듯이, 세속적 권력 또한 하나님께 충성을 고백하지 않고 하나님께 반역과 배도를 할 것이며 모든 권세의 진정한 근원이신 하나님을 대항하여 자신을 높이려고 할 것이다.

교회가 하나님의 말씀에 복종하지 않고 사람의 뜻과 힘에 맡기며, 사람의 도움에 의지하여 진리를 버리고 거짓을 따라가게 되면, 교회의 배도는 시작되는 것이다. 하지만 교회의 머리는 그리스도이시고, 교회가 활동할 수 있는 유일한 힘은 성령이시다. 교회가 성령의 인도를 받지 않고 그리스도께 복종하지 않을 때 교회는 실제적으로 배도의 길을 가고 있는 것이다. 이 시대의 끝이 되면 세속적 권력은 교회와 결탁하여 배도의 길에 들어설 것이다. 세속 권력에서 일어나는 배도는 교회의 배도보다 훨씬 더 강력하게 나타날 것임을 기억하라. 세속 권력의 배도는 기독교계의 한복판에서 일어날 것이며, 세속 권력의 배도를 이끄는 힘은 교회의 악에서 나올 것으로 보인다.

우리는 성경에서 이와 관련된 사례를 발견할 수 있다. 압살롬이 다윗을 반역했을 때 그의 모사는 아히도벨이었다(삼하 15장 참조). 이러한 반역을 선동한 배후에는 물론 사단이 있었다. 하지만 다윗을 반역하는 이러한 모략을 지도한 사람은 아히도벨이었다. 이와 함께 생각해 볼 수 있는 사건은 고라의 반역 사건이다. 오래 전에 광야에서 모세를 대항해서 반역을 일으킨 사람들은 다단과 아비람, 기타 이스라엘 백성들이었다. 레위인이었던 고라는 이러한 반역에 동참하도록 다른 이들을 선동했다. 여러 사람들이 반역에 동참했지만, 이 사람들의 반역은 레위인 고라의 이름을 따서 고라의 반역이라고 불렸다. 이와 마찬가지로 하나님께서는 유다 백성들의 불법에 대해 유다의 제사장들과 선지자들을 책망하셨다. 왜냐하면 세속 권력은 바로 이러한 사람들의 뜻을 따랐기 때문이다.

이와 동일한 원리가 기독교계에도 적용된다. 역사를 통해 볼 때 그동안 기독교계 안에서 일어난 일들을 보면, 교회 안에서 하나님의 지혜를 드러내야 하고 세상 통치자들로 하여금 하나님 앞에서 그들의 의무를 다하도록 진리로써 지도해야 할 사람들이 스스로 하나님을 대항하여 반역하고 진리를 가림으로써 세상을 미혹하고 세속 권력으로 하여금 하나님으로부터 멀어지게 만들어 왔다는 사실을 볼 수 있다. 게다가 우리는 이 시대의 끝이 오면 하나님을 대항하는 세속 권력의 반역이 있을 것이며, 그러한 일을 이끄는 핵심적 원동력은 교회 권력으로부터 나올 것이라는 사실을 보게 될 것이다.

　아마겟돈에서 우리는 누구를 볼 수 있는가? 우리는 짐승과 함께 멸망당하는 거짓 선지자를 보게 된다. 반역의 처음부터 끝까지 짐승이 항상 활동할 것이고, 그 곁에는 거짓 선지자가 그와 함께 할 것이다. 반역을 이끄는 것은 바로 이러한 짐승과 거짓 선지자이다. 하지만 끝에 가면 짐승이 주도권을 잡게 되면서 보다 직접적이고 자유롭게 활동할 수 있게 된다. 그래서 마지막에 심판의 직접적인 대상이 되는 존재는 짐승이다. 우리는 다니엘 7장에서 이와 관련된 말씀을 볼 수 있다. 하지만 그렇다 하더라도 거짓 선지자의 영적인 에너지는 짐승의 권력에 계속해서 힘을 더해 줄 것이다.

　또한 우리는 네 번째 제국의 세속 권력인 짐승이 하나님을 대항하여 자신을 높이는 때부터 네 번째 제국이 유대인들과 관련을 맺게 될 것이라는 사실을 볼 수 있다. 이스라엘 백성의 역사를 새로운 모습으로 이끌게 되는 것은 바로 이 짐승이다. 여러분은 네 번째 짐승이 이 땅에 처음 나타났을 때 예루살렘에는 유대인들이 있었다는 사실을 기억할 것이다. 그 당시 그리스도는 본디오 빌라도에 의해 대표되고 있던 네 번째 짐승에게 유대인의 왕으로서 제시되셨다. 하지만 본디오 빌라도는 그리스도를 거절했다. 이 시대의 끝에 가면 이와 동일한 일이 반복될 것이다.

  유대인들은 자신의 땅에 돌아오게 될 것이지만 회개하지는 않을 것이고[47], 그런 상태에서 네 번째 짐승과 연관을 맺게 될 것이다. 그들 가운데는 그리스도를 믿는 성도들도 있을 것이지만, 이 네 번째 짐승은 하나님을 반역해서 자신을 높이고 유대인들의 왕으로서 그리스도께 직접적으로 대항할 것이다. 이러한 대항과 반역은 그리스도께서 본디오 빌라도 앞에 서셨을 때보다 훨씬 더 강력할 것이다. 그 때가 되면 네 번째 짐승은 자신이 유대인들의 왕이라고 권리를 주장할 것이다. 이러한 반역이 일어나면 그리스도께서는 하늘에서 내려 오셔서 이 짐승을 멸하실 것이다. 이 때 그리스도는 유대인들 가운데 남은 자를 자신의 지상적(地上的) 백성으로 삼으실 것이며 모든 열방을 자신의 발 아래 두실 것이다.

  마지막 때에 일어날 이러한 일들을 보면, 여러분은 성경의 예언구절에 언급된 많은 일들이 유대인들, 즉 교회가 아니라 유대인들 가운데 신실한 남은 자들에게 적용된다는 사실을 이해할 수 있을 것이다. 교회의 역사를 볼 때 우리는 교회의 배도로 인해 하나님의 신실한 자녀들에게 많은 핍박이 있어 왔음을 알고 있다. 여러 시대를 거쳐 핍박받아온 신실한 성도들은 성경의 예언구절에서 발견되는 하나님의 위로로부터 많은 위안을 받을 수 있었을 것이다. 하지만 엄밀하게 볼 때 마지막 때에는 성도들에 대한 핍박과 관련된 구절들이 유대인 가운데 남은 자들, 즉 "그들의 피를 물 같이 흘리게 될"(시 79:3) 사람들에게 적용되어야 한다는 사실을 기억할 필요가 있다.[38]

우리가 일반적인 관점에서 짐승의 역사를 살펴보면, 우리는 그 짐승이 디베료 가이사와 기타 황제들의 치하에 있었을 때나 또는 중세 시대의 타락한 기독교계의 영향력 아래 있었을 때나 어떤 시대이든지간에 계속해서 참된 성도들을 핍박해왔다는 사실을 볼 수 있다. 그래서 우리는 그들에 대해 성경에 있는 대로 "선지자들과 성도들과 및 땅 위에서 죽임을 당한 모든 자의 피가 이 성중에서 보였느니라"(계 18:24)고 말할 수 있다. 세속 권력이 반역의 수준을 공개적으로 끌어올리게 될 때가 오면, 즉 이러한 예언적 사실들이 완전히 성취될 때가 되면 예언구절에서 말씀하고 있는 핍박은 예언구절들의 주된 적용대상인 유대인들에게 쏟아 부어질 것이다. 이 시대의 끝에 그리스도께서 이 땅에서 유대인의 왕으로서 가지신 권리가 부정되는 시점으로부터 시작해서, 핍박받는 대상으로 전면에 등장하게 될 사람들은 유대인들이다. 왜냐하면 유대인들이야말로 이 땅에서 하나님의 백성들이기 때문이다. 그 때 교회는 어디에 있는가? 이 땅에서 이러한 핍박이 전개될 때 교회는 그전에 휴거되고 이 땅에 없을 것이다.

배도한 세속 권력이 배도한 교회 권력을 대체하는 내용을 다루고 있는 구절들을 살펴보기 전에, 교회 권력이 최고의 위치에 있지는 못하더라도 결코 덜 위험해진 것은 아니라는 점을 다시 한번 강조하고 싶다. 교회 권력은 배후에서 악을 도모하는 비밀스런 조언자 역할을 해왔다. 우리는 배도와 관련하여 외부적으로 권력의 최고 정점에 있던 교회 권력이 좀 있다가 세속 권력에 최고의 자리를 내어주었음을 역사를 통해 볼 수 있다. 그래서 많은 사람들은 마지막 때에 교회 권력이 막후에서 큰 영향력을 행사할 것이라는 사실을 잘 알지 못한다. 일반적인 관찰만으로 볼 때는 교회 권력은 더 이상 예전처럼 세속 군주를 파면시킬 수 없기 때문에 그 영향력이 완전히 없어진 것으로 생각하기 쉽다. 하지만, 외부적으로 볼 때는 교회 권력의 정치적 힘이 없어지고 단지 도덕적 영향력만 남은 것으로 보이더라도 특히 마지막 때에 가서 정치 권력으로 하여금 하나님을 대항하여 반역하도록 유도하는 힘은 바로 교회 권력으로부터 나올 것이다.

이것은 짐승으로 하여금 영원한 멸망으로 이끄는 에너지는 인간의 의지에서 나오는 것이 아니라고 말하려는 것이 아니다. 짐승을 파멸까지 이끄는 원동력은 하나님을 대항하려는 인간의 의지에서 나온다. 하지만 이 시대의 마지막 때에 가서 짐승으로 하여금 하나님의 힘을 가로채라고 부추기고 하나님의 뜻이 나타날 수 있는 문을 닫아버리며 이 땅에 거하는 사람들로 하여금 짐승을 인정하고 숭배하도록 간계로써 미혹하는 것은 바로 배도한 교회 권력이 될 것이다.

우리가 지금까지 살펴본 내용을 보여주고 있는 성경구절들은 다음과 같다. 먼저는, 다니엘 7장의 끝부분을 보기 바란다. 이 부분에는 네 번째 짐승이 어떠한 일을 한 것인지가 묘사되어 있다. 그리고, 요한계시록 16장과 특히 17장을 보면 큰 음녀인 바벨론과 짐승이 구분되어 나타나 있다. 17장에서 우리는 큰 음녀가 붉은 빛 옷을 입고 있는 모습을 보게 되는데, 이 붉은 빛 옷은 교회적인 권력을 보여준다. 그리고, 그 음녀는 짐승 위에 올라타 있는 모습으로 나타나 있는데, 그것은 음녀가 세속 권력을 장악한 모습을 보여준다. 하지만, 그 후에는 "네가 본 바 열 뿔과 짐승이 음녀를 미워하여 망하게 하고 벌거벗게 하고 그 살을 먹고 불로 아주 사르리라 하나님이 자기 뜻대로 할 마음을 저희에게 주사 한 뜻을 이루게 하시고 저희 나라를 그 짐승에게 주게 하시되 하나님 말씀이 응하기까지 하심이니라"와 같이 될 것이다.

이제 하나님을 대항하여 반역하는 네 번째 제국에서 나타나게 될 특정한 종류의 악과 관련된 말씀들 가운데서 네 번째 제국이 일으킬 반역의 형태를 위주로 살펴보자.

먼저, 요한계시록 12장 3절에서 우리는 짐승의 힘의 근원인 큰 붉은 용에 대해 볼 수 있다. 여기서 우리는 배도와 반역의 배후에 사단이 있다는 사실을 보게 되고, 사단은 철장(鐵杖)으로 만국을 다스리실 그리스도와 그리스도 안에 있는 참된 교회를 파멸시키려 한다는 사실을 볼 수 있다. 그리스도와 그분의 몸된 교회를 파괴하려는 사단의 권세와 그리스도의 권세 사이에는 큰 전쟁이 있게 된다. 하나님의 말씀에서는 아버지 하나님과 세상이 대조를 이루고 있고, 육신과 성령이 대조를 이루며, 사단과 하나님의 아들이 대조를 이루고 있다. 큰 용 즉 사단은 이 땅에서 철장으로 열국을 다스리실 그리스도를 파멸시키려 한다. 이 12장에서는 이러한 싸움이 하늘에서 벌어질 것으로 묘사되어 있다(12:7). 그 후에 사단은 하늘에서 내어쫓기게 되는데, 이 사건은 아직 일어나지 않았다.

어떤 그리스도인들에게는 이 점이 어려움이 될지 모르겠다. 그들은 사단이 자신들의 양심에서 내어쫓겼기 때문에 [39](이것은 물론 사실이다), 사단이 이미 하늘에서 내어쫓긴 상태에 있다고 생각한다. 우리가 만일 그리스도의 보혈의 가치를 깨달았다면 사단은 우리의 양심에 어떠한 권세도 갖지 못한다. 그런데, 사단은 여전히 하늘에 있으면서 하나님의 자녀들을 참소하고 있다[40]. 우리는 에베소서 6장 12절에서 악한 영들이 하늘에 있다는 사실을 보게 된다. 이로 인해 하늘에서는 사단의 세력과 그리스도의 세력 사이에 전쟁이 있을 것이다. 이것은 천사들이 참여하여 일어나게 될, 두 권세 사이의 큰 전쟁이 될 것이다. 이 전쟁에서 패한 사단이 비록 하늘에서 내어 쫓기게 될 것이지만 그 때 바로 무저갱에 결박되는 것은 아니기 때문에, 이 땅에서 사단의 악한 영향력은 사단이 무저갱에 결박당할 때까지 계속될 것이다. "마귀가 자기의 때가 얼마 못된 줄을 알므로 크게 분내어 너희에게 내려 갔음이라"

하늘에서 이 땅으로 내어쫓긴 사단은 재건될 로마 제국을 통해 활동하게 될 것이다. 요한계시록 13장에는 사단이 이 땅에서 자신의 권세를 부리는 수단이 무엇이 될지가 기록되어 있다. "내가 보니 바다에서 한 짐승이 나오는데 뿔이 열이요 머리가 일곱이라"[41] 바로 이 짐승이 이 땅에서 사단의 대리인이다. 이 짐승은 이전에 있던 세 짐승들[42]의 모든 특징들을 결합시킨 존재가 될 것이다.

용의 권세는 일곱 머리와 열 뿔을 가진 짐승으로 묘사되어 있는 로마 제국 안에 굳게 서있다. "그의 머리 하나가 상하여 죽게 된 것 같더니" 이 말씀은 로마 제국의 통치 형태들 가운데 하나가 멸망하게 된 것을 보여준다. 하지만, 이 상처는 나중에 낫게 된다고 말씀하고 있는데 이것은 이렇게 멸망당했던 그 형태가 나중에 다시 세워질 것을 보여준다. 다니엘 7장에 나오는 같은 짐승의 작은 뿔의 활동과 이 것을 비교해 보면, 우리는 다니엘 7장에 있는 대로 "그 입으로 큰 말을 하고 그 앞에서 세 뿔이 넘어지는" 작은 뿔은 바로 그 짐승 자체라는 사실을 알 수 있다. 다시 말해, 그 짐승은 이 작은 뿔의 지배 아래 있게 될 것이다. 예를 들어, 나폴레옹이 프랑스 제국을 통치하면서 그 제국의 모든 자원을 지배했을 때 나폴레옹은 바로 프랑스 제국 자체였다고 할 수 있다. 이 짐승은 로마 제국이라는 세속 권력 자체를 말하며, 이 짐승은 나중에 하나님을 대항하여 공개적인 반역을 일으킬 것이다.

그런데, 요한계시록 13장에는 또 다른 짐승이 나타나 있다. 이 짐승은 로마 제국은 아니지만, 첫 번째 짐승의 모든 권세를 그 앞에서 행사하게 될 것이다. "내가 보매 또 다른 짐승이 땅에서 올라오니 새끼양 같이 두 뿔이 있고 용처럼 말하더라 저가 먼저 나온 짐승의 모든 권세를 그 앞에서 행하고 땅과 땅에 거하는 자들로 처음 짐승에게 경배하게 하니 곧 죽게 되었던 상처가 나은 자니라 큰 이적을 행하되 심지어 사람들 앞에서 불이 하늘로부터 땅에 내려 오게 하고 짐승 앞에서 받은바 이적을 행함으로 땅에 거하는 자들을 미혹하며 땅에 거하는 자들에게 이르기를 칼에 상하였다가 살아난 짐승을 위하여 우상을 만들라 하더라"(계 13:11-14)

이 두 번째 짐승은 그리스도의 권세와 비슷하게 보이는 무언가를 가지고 활동하며 나중에는 유대인들 가운데서 기독교의 형태를 취하게 될 것이다. 하지만 이 짐승의 실체는 사단과 같은 동류에 불과하다. 이 두 번째 짐승은 땅에 거하는 자들을 미혹하여 그들로 하여금 첫 번째 짐승 즉 로마제국의 세속 권력을 따르도록 만들 것이다.

"그의 머리 하나가 상하여 죽게 된 것 같더니" 이 일은 로마 제국의 제왕적 형태를 통해 이미 일어났다. 이렇게 입은 상처는 완전히 낫게 될 것이다. 이와 같이 그 짐승은 잠깐 동안은 제왕적 특징을 잃게 되지만, 그 상처는 다시 낫게 될 것이다. 이러한 놀라운 일로 인해 온 땅이 놀라게 되고 사람들은 그 짐승을 따르게 될 것이다.

이처럼 이 짐승의 제왕적 형태는 이 땅에 다시 나타날 것이고, 온 땅의 사람들은 그것을 놀랍게 여길 것이다. 하지만 앞에서 우리는 두 번째 짐승이 자신이 행하는 이적으로 땅의 거민들을 미혹시킬 것이라는 사실을 살펴보았다. 이 두 번째 짐승은 끝에 가면 짐승으로서의 특징이 아니라 거짓 선지자로서의 특징을 가지고 나타날 것이다. 요한계시록 19장 20절에서 우리는 그가 거짓 선지자[13]로 언급되어 있는 것을 본다. 처음에는 이것이 두 번째 짐승으로 언급되어 있고 이 짐승이 여러 가지 일들을 행한다고 묘사되어 있는데, 우리는 이러한 묘사들은 사람으로서 행하는 일이라는 사실을 볼 수 있다. 요한계시록 13장 14절과 19장 20절을 비교해라. 만일 역사 가운데 이미 이뤄진 사실들의 도덕적 측면을 살펴본다면, 우리는 누가 세속 권력을 가지고 모든 권세를 행사했는지 알 수 있을 것이다[14]. 하지만 끝날에 가면 우리는 이러한 존재 외에도, 여러 가지 큰 이적을 행하면서 땅의 거민들을 미혹시키는 일을 하게 될 거짓 선지자의 존재를 볼 수 있다.

앞으로 우리는 이 모든 일들이 초래하게 될 결과들을 좀 더 자세히 살펴볼 것이다. 우선 지금까지 살펴본 것을 여기서 잠깐 정리하고 넘어가자. 요한계시록 12장에서 우리는 하늘에 있는 용이 이 모든 반역의 근원이라는 사실을 보았다. 13장에서는 로마 제국의 제왕적 형태인 짐승이 사단의 대리인으로 활동하게 될 것을 보았다. 이 짐승은 상처를 입어 죽은 것같이 되지만 상처가 낫게 된다. 이 장에는 땅의 거민들을 미혹케 하는 또 다른 짐승이 나타나 있다. 첫 번째 짐승의 상처가 나을 때 온 세상은 이 첫 번째 짐승을 기이하게 여기고 따르게 될 것이다. 여기에 덧붙여 우리는 19장에서 두 번째 짐승이 더 이상 그처럼 활동하지 않고 거짓 선지자로 언급되어 있는 것을 살펴보았다.

17장에는 첫 번째 짐승에 대한 자세한 묘사가 나타나 있다. 7절과 8절 말씀을 보자. "천사가 가로되 왜 기이히 여기느냐 내가 여자와 그의 탄바 일곱 머리와 열 뿔 가진 짐승의 비밀을 네게 이르리라 네가 본 짐승은 전에 있었다가 시방 없으나 장차 무저갱으로부터 올라와 멸망으로 들어갈 자니 땅에 거하는 자들로서 창세 이후로 생명책에 녹명되지 못한 자들이 이전에 있었다가 시방 없으나 장차 나올 짐승을 보고 기이히 여기리라" 이 짐승은 무저갱에서 올라온 후, 사단의 권세를 가지고 적극적으로 활동할 것이다. 이러한 일은 사단이 하늘에서 내어 쫓기고(이 사건은 교회가 휴거되어 하늘로 올라갔을 때 일어날 것이다) 크게 분을 내면서 이 땅으로 내려올 때 일어날 것이다. "이전에 있었다가 시방 없으나 장차 나올" 짐승(로마 제국)은 사단의 영향력 아래에서 그 힘과 형태를 재건할 것이다. 다시 말해, 세속 권력은 하나님께 복종하는 길을 벗어나 사단의 특성을 취하게 되고, 하나님의 권세에 대항하도록 사람들을 선동하며 하나님께 대한 공개적인 반역을 일으킬 것이다.

우리가 이 짐승의 마지막 형태가 등장했다는 사실을 알아챌 수 있는 표시를 발견하려면, 로마 제국의 제왕적 머리인 여덟 번째 왕이 이 세상에 나타날 때까지 기다려야 한다. 이 짐승이 멸망당하기 전에 이 일은 반드시 일어날 것이다. 전에 로마 제국이 이방제국의 형태로 존재했을 때 그것에는 열 왕이 없었다. 하지만 이 짐승이 다시 나타날 때가 되면(이 짐승은 재건될 로마 제국이라는 사실을 기억하라), 열 왕은 그 짐승에게 권력을 넘기는 모습을 보일 것이다. 이와 같이 짐승은 열 왕의 권력이 쇠해지면서 다시 나타날 것이다. 즉, "장차 나올"[45] 짐승은 이방의 어떤 짐승을 말하는 것도 아니고, 중세 시대의 역사를 언급하는 것도 아니며, 또는 로마 제국을 정복했던 열 명의 야만인 왕들(이 사람들의 수가 열 명임이 확실해서 이렇게 말할 수 있다면)을 말하는 것도 아니다. 죽게 되었던 상처가 나으면서 이 짐승은 나중에 다시 나타날 것이다.

이 장에 언급된 열 왕은 "자기의 능력과 권세를 짐승에게 줄 것이다."(계 17:3) 그들 가운데는 한 머리가 황제처럼 나타날 것이고, 열 왕의 나라들은 계속 존재하기는 하지만 그들 사이에 일종의 연합체를 이루게 될 것이다. 예를 들어, 우리는 나폴레옹 치하에 있었던 스페인이나 네덜란드, 웨스트팔리아(Westphalia)와 같은 왕국들을 이러한 연합체의 예로 들 수 있다. 이 짐승은 이전에 있었다가 지금은 없으나 다시 나타날 것이다. 그리고, 짐승의 열 뿔로 묘사되어 있는 열 왕은 과거에 존재한 적이 있거나 또는 지금 존재하고 있을 수도 있다. 하지만 이 열 왕이 일정한 기간 동안 없어졌다가 나중에 다시 나타났던 짐승에게 자신들의 권세를 주는 일은 역사적으로 볼 때 결코 일어난 적이 없다. 따라서 이것은 전에 일어난 적이 없는 미래의 일이 될 것이다.

"그 일곱 머리는 일곱 산이요" (우리는 지금 여전히 로마 제국에 대해 살펴보고 있다.) "일곱 왕이라 다섯은 망하였고 하나는 있고" 여기서 "하나"는 요한이 요한계시록을 기록하던 당시에 존재하던 제왕을 가리킨다. "다른 이는 아직 이르지 아니하였으나 이르면 반드시 잠간 동안 계속하리라 전에 있었다가 시방 없어진 짐승은 여덟째 왕이니[일곱 왕은 사라졌으므로] 일곱 중에 속한 자라 저가 멸망으로 들어가리라" 다시 말해, 특별한 특징을 가진 여덟 번째 머리가 장차 나타날 것인데, 이것은 짐승의 모든 권세를 재통합시킬 것이고 짐승 그 자체가 될 것이며, 한 머리이면서도 또한 일곱 중에 속한 자가 될 것이다. 이러한 여덟 번째 왕은 제국의 새로운 형태 가운데 활동하는 제왕적 머리가 될 것이다. 왜냐하면 앞에서 보았듯이 열 왕이 장차 자신들의 권세를 이 여덟 번째 머리에 바칠 것이기 때문이다. 이 머리가 멸망으로 들어가는 것은 바로 이처럼 새로운 형태 가운데 있을 때이다. 그리스도와 교회가 이 땅에 내려오는 일이 우리가 오늘 다뤄온 주제와 서로 연결되는 것은 바로 이와 같이 이 머리가 멸망할 때이다(계 19:2, 살후 2장).

이 주제와 관련해서 우리는 다니엘 11장 36-45절도 함께 살펴보아야 한다. "그 왕이 자기 뜻대로 행하며" (이 구절을 데살로니가후서 2장 3-4절과 그 아래 구절들과 비교해 보라.) 우리는 다니엘 11장에서 주로 다루고 있는 내용이 교회 체제 내에서 사람들이 서로 권세를 다투는 문제가 아니라 동방에 있는 세속 권력들 사이에 일어나는 전쟁에 관한 것임을 볼 수 있다. 36절부터는 "자기 뜻대로 행하게 될 왕"인 적그리스도의 역사가 시작된다. 이 왕은 다니엘 7장에 나오는 작은 뿔과 같은 존재이고, 예루살렘에서 우상숭배적이고 배도적인 방법으로 행하면서 결국에 가서는 첫 번째 짐승과 같이 종말을 맞이하게 될 것이다. 이 왕은 이 땅의 다른 왕들과 같은 왕이지만 마지막에 가서 거룩한 땅에서 자신의 권세를 드높이고자 할 것이다. 기독교가 데살로니가후서 2장에 언급된 불법의 비밀인 것은 아니다. 기독교는 데살로니가후서 2장에 나오는 무법자의 나타남보다 먼저 나타났다. 다시 말하지만, 다니엘 11장의 내용은 교회와 관련된 것이 아니라 이 땅에서 북방 왕과 남방 왕의 공격대상이 되는 한 왕에 대한 것이다.

여기서 데살로니가후서 2장에 대해 한 가지 언급하고자 한다. 이것은 위에서 본 슬픈 사건들 가운데서도 우리에게 위로가 될 것이다. 바울은 이렇게 말한다. "형제들아 우리가 너희에게 구하는 것은 우리 주 예수 그리스도의 강림하심과 우리가 그 앞에 모임에 관하여 쉬 동심하지 아니할 그것이라" 진리를 사랑하는 사람들은 불의의 속임에 휘둘리지 않을 것이다. 반면에, "진리의 사랑을 받지 않고" "불의를 좋아하는" 모든 자들은 하나님의 심판을 받게 될 것이다. 데살로니가후서 2장의 기록은 앞으로 닥쳐올 악에 대한 내용이므로, 세상은 이에 대해 경고를 받아야만 한다. 세상 가운데서 이러한 생각으로 인해 마음이 진지해지고 하나님의 말씀을 상고하게 되는 사람들이 생길지도 모르기 때문이다.

그런데, 이러한 내용이 하나님의 자녀들에게는 어떤 의미가 있는가? 데살로니가후서 2장의 이러한 기록은 성도들로 하여금 이 내용으로부터 충만한 위로를 얻게 해주고, 멸망으로 끌고 가는 모든 것들로부터 자신을 구별시킬 수 있도록 해준다. 그렇다고 우리 그리스도인들이 이러한 심판의 시기를 통과하는 것은 아니다. 단지 이 끔찍한 시기에 일어날 심판에 대해서 미리 들음으로써, 우리는 앞으로 하나님의 심판을 초래하게 될 악으로부터 우리 자신을 지킬 수 있는 유익을 얻을 수 있다.

사도 바울은 데살로니가의 교회에 이러한 많은 것들을 말했고, 주님의 다시 오심을 기대하며 살라고 가르쳤다. 이 때 사단은 무슨 일을 했는가? 사단은 주의 날이 이미 이르렀다고 그들에게 말하면서 겁을 주려고 했다(살후 2:2). 이에 대해 사도는 다음과 같이 말했다. "저는 여러분들이 우리 주 예수 그리스도의 강림하심과 우리가 그 앞에 모임에 관하여 마치 우리가 이미 주의 날 안에 들어와 있는 것처럼 생각함으로써 마음이 흔들리는 일이 없기를 바랍니다. 이 날은 무법한 사람들에게 임할 것이고 여러분들에게 임하지 않을 것입니다. 그 때가 되기 전에 여러분은 이미 주님께로 휴거될 것이고, 주님께서 나타나시는 그 큰 날에 여러분은 그분과 함께 나타나게 될 것입니다."[46]

미혹하는 자들은 그 날이 이미 이르렀다고 말했다. 하지만 사도는 그 날은 주의 신실한 백성인 교회가 공중으로 휴거될 때까지, 그리고 불법한 자가 나타날 때까지 이르지 않을 것이라고 말했다.

이러한 위로의 말은 9절과 10절에서 다시 재확인되고 있다. "악한 자의 임함은 사단의 역사를 따라 모든 능력과 표적과 거짓 기적과 불의의 모든 속임으로 멸망하는 자들에게 임하리니 이는 저희가 진리의 사랑을 받지 아니하여 구원함을 얻지 못함이니라" 다니엘 11장에는 이 불법한 자의 외적인 특징이 묘사되어 있는데, 이 장에는 불법한 자의 난폭한 불법과 사단의 권세가 갖는 도덕적 특징이 묘사되어 있다.

　오늘 여러분이 듣고 있는 예언 해석은 지금까지 여러분이 알고 있던 것과 사뭇 다를지도 모른다. 나는 세속적인 배도와 교회적인 배도 사이에 존재하는 연관성을 말씀드렸다. 세속 권력과 교회 권력은 서로 아주 밀접하게 관련되어 있다. 왜냐하면 말씀을 보면 두 번째 짐승이 첫 번째 짐승의 모든 권세를 그 앞에서 행한다고 말씀하고 있고, 두 번째 짐승인 거짓 선지자가 첫 번째 짐승과 함께 불못으로 던져질 것이라고 말씀하고 있기 때문이다.

　또한 우리는 이 사실이 예루살렘에 있는 유대인들과 관련성을 갖고 있다는 것을 알 수 있다. 왜냐하면 끝에 가면 짐승이 예루살렘 가까이에서 자신의 최후를 맞이하게 될 것이기 때문이다. 그리스도께서 이 땅에 오셔서 심판하는 권세를 나타내시면 짐승은 파멸될 것이고, 현재의 세대는 끝나게 될 것이다. 그 때 그리스도께서는 유대인들 가운데 남은 자와 연합되실 것이다. 그리고, 그 결과로 만국은 그리스도의 왕권 아래 들어오게 될 것이다.

　여기서 우리는 이스라엘의 역사와 관련해서 두 가지 점을 살펴볼 필요가 있다. 첫째는, 이스라엘 백성들이 하나님의 소유였을 때 이스라엘을 대항하여 동맹을 이루었던 나라들에 대한 것이고, 둘째는 이스라엘을 포로로 끌고 갔던 나라들에 대한 것이다. 지금까지 우리는 이방인의 때 즉, 이스라엘 왕국이 유대인들에게서 이방 제국들에게 넘어가 있는 기간에 대해서 살펴보았다. 이러한 이방인의 때는 앞에서 살펴본 네 짐승들의 때이다. 다니엘은 네 짐승에 대해서만 말한 반면에, 에스겔은 네 짐승 앞과 뒤에 있는 열국들에 대해서 말했다. 에스겔은 주님이 나중에 언급하셨던 "이방인의 때"에 대해서 말하지는 않았다.

기독교가 시작된 후 공개적인 반역은 이러한 네 짐승(이방 제국)의 역사 속에서[17] 진행되어 왔다. 앞에서 우리가 살펴본 대로, 배도한 교회 권력은 네 번째 짐승이 하나님의 자리를 차지하려 함으로써 결국에 하나님의 심판을 맞이하게 되는 수단으로 활동하게 될 것이다. 이러한 배도한 교회 권력은 하나님의 계시의 권위를 높인다는 핑계로 오히려 이러한 계시 자체를 오염시키고 왜곡시킴으로써 참된 믿음을 없애고 사람들로 하여금 결국 자기 자신만을 의지하게 만들 것이다. 이러한 교회 권력은 원수가 일으키는 불법의 역사에서 큰 역할을 담당하지만, 결국에는 하나님께 복종하지 않으려하는 인간의 의지에서 나온 폭력의 희생물이 되고 말 것이다.

배도한 교회 권력은 하나님을 신실하게 섬기는 것처럼 종교라는 모양을 취하기는 하지만 진리를 지키기는 커녕 사실은 사단을 섬기고, 불법의 주연 배우는 아니지만 불법의 조언자와 선동자로서의 특징을 나타내게 된다. 교회 권력은 불법을 조장하지만 완결시키지는 못하며, 불법의 주된 집행자 역할을 하는 것은 세속 권력이 맡게 될 것이다. 사랑하는 여러분, 자연적 양심이 종교적 형태의 양심보다 더 올바르다면 교회는 더 이상 존재의미가 없을 것이다. 교회가 세상이 상상하기 힘든 불법의 도구로 전락하게 되면 촛대는 옮겨지고 말 것이다. 사람들이 말하듯이, 가장 뛰어난 것의 타락은 타락 가운데 가장 심각한 것이 될 것이다.

적그리스도에 대해 말하자면, 그는 예수님이 그리스도라는 사실을 부인할 것이다. 그는 "아버지와 아들을 부인할" (요일 2:22) 것이다. 또한 그는 예수 그리스도께서 육체로 오셨다는 것을 부인할 것이다(요이 7). 이와 같이 그는 거룩한 모든 것 - 예수님의 그리스도되심(예수 그리스도의 신성), 아버지와 아들, 예수님께서 사람으로 오심(예수 그리스도의 인성) - 을 부인할 것이다. 앞에서 우리는 그의 성격, 활동, 형태를 살펴보았고, 그가 가진 권세와 권력의 근원이 무엇인지도 살펴보았다. 사단은 그를 통해 직접적으로 활동할 것이다. 사단은 하나님께서 행하신 것을 모방해서 역사할 것이다. 아버지께서는 아들에게 보좌를 주셨고, 성령께서는 교회 안에서 아들의 권세를 따라 역사하신다. 이와 유사하게, 용(사단)은 짐승에게 보좌 곧 큰 권세를 줄 것이고, 두 번째 짐승(영적인 권력을 가진 진짜 적그리스도요 거짓 선지자)은 이러한 마지막 짐승의 모든 권세를 그 앞에서 행사하게 될 것이다(계 13:12)[48].

하지만, 이러한 모든 악에는 하나님의 무서운 심판이 임할 것이다. 하나님께서 우리에게 인간의 교만함의 끝이 어떻게 될 것인지 그 본질을 깨닫게 해주시기를 바란다! 인간은 스스로의 힘과 능력을 사용하여 하나님께서 자신들에게 맡기신 모든 수단들을 인간 자신을 높이기 위해 동원하고 있다. 이러한 수단들은 그 자체로는 뛰어난 것들이다. 그리고 하나님께서 인간을 참으시는 동안에는 인간이 이러한 수단들을 사용한 결과도 위대하게 나타날 것이다. 하지만 이렇게 되면 인간은 이 모든 성취의 중심에 서서, 하나님 앞에서 인간이 책임을 가진 존재라는 사실을 망각하게 될 것이다. 이렇게 되면 하나님은 사실상 최고의 영광을 가진 위치에서 강등되고 하나님의 권위도 무시받게 된다. 그렇다면 인간이 추구해야 할 가장 고상하고 가장 가치있는 목표가 되셔야 할 하나님은 인간의 마음에서 합당한 위치를 상실하고 마는 것이다.

이러한 일들은 처음부터 끝까지 모두 다 죄라는 동일한 원리, 동일한 근원에서 발생한다. 자신의 욕심을 만족시키려는 의지에 따라 움직이는 인간은 이기적인 목적을 이룰 수 있는 지식을 추구하며 하나님과 같은 자리에 오르기 위해 자신을 높인다. 이러한 불순종의 태도는 결과적으로 사단의 영향력과 에너지 아래에서 움직이는 모습이다. 적그리스도의 특징이 바로 이러하다. 그리고, 아담이 처음 타락했을 때도 바로 이러했다. 인간의 역사를 통해 볼 때 인간은 처음부터 끝까지 이러한 동일한 죄를 지어왔고, 결국에 이러한 죄는 우리를 위한 속죄제물로 오신 사랑의 구주를 죽이는 모습으로까지 나타나고 말았다.

하지만 이러한 악에도 불구하고 주님이 가지신 은혜와 영광의 이름이 영원토록 높임을 받으실 것이다. 주님의 교회는 그분과 하나로 연합되어 있기 때문에, 주님께서는 세상을 위협하는 이러한 모든 악으로부터 분명히 자신의 교회를 지키실 것이다.

Chapter 7

시편 82편
열방에 대한 심판이
그리스도와 교회의 기업이 되다

시편 82편의 마지막 구절은 오늘 우리가 살펴보고자 하는 주제를 담고 있다. "하나님이여 일어나사 세상을 판단하소서 모든 열방이 주의 기업이 되겠음이니이다" 이 땅을 심판하고, 그 결과로 모든 열방의 소유자가 되시는 분은 바로 하나님이시다.

앞에서 우리는 만물의 상속자이신 그리스도와 그분의 공동 상속자인 교회에 대해서 살펴보았다. 그리고 나서 그리스도의 재림에 대해, 즉 그리스도께서 자신의 유업을 취하시는 때에 대해서 살펴보았다. 또한 교회의 부활, 즉 일으킴을 받은 교회가 주님과 함께 이러한 유업에 참여하게 되는 때에 대해서 살펴보았다. 심지어 죽은 신자들도 - 그리스도와 함께 있는 자들은 복되도다 - 복과 영광의 충만함을 누리기 위해 자신들의 몸이 부활할 것을 기다리고 있다. 이런 이유로 그리스도인은 죽음을 두려워하지 않는다. 왜냐하면 죽음이 가져다주는 모든 고통과 시련으로부터 해방을 받았기 때문이다. 따라서 그리스도인은 자신의 영광이 완성될 것을 바라보며 부활을 기다리고 있다. 천상적인 교회가 가지고 있는 복됨이여!

우리는 앞에서 악의 발전에 대해 살펴보았고, 세상이 복음 전파를 통해 돌이키기는커녕 가라지가 오히려 증가하고 추수 때까지 무르익는다는 사실을 살펴보았다. 게다가 악이 짐승의 여덟 번째 머리에서 최고조에 이르게 되고, 재건될 로마 제국의 세속 권력이 배도를 통해 멸망에 이르게 된다는 사실을 보았다. 또한 세상을 꾀어 짐승을 경배하게 만들며 그의 표시를 받게 만드는 거짓 선지자가 짐승과 함께 멸망당할 것이라는 사실도 함께 살펴보았다.

앞에서 우리는 두 짐승들 가운데 두 번째 짐승이 거짓 선지자가 된다는 것을 살펴보았다. 요한계시록 13장과 19장의 끝을 살펴보라. 하나님의 심판은 짐승에 대한 심판보다 더 확장된다. 즉, 네 번째 짐승이 멸망당하게 될 뿐 아니라 열방들도 심판을 받게 될 것이다. 노아의 자녀들이 각각의 종족으로 나누어질 때 생겨났던 이 땅의 모든 종족들은 마지막에 함께 모여서 하나님으로부터 심판을 받게 될 것이다. 높아지고 들림을 받았던 세상의 모든 것들은 하나님의 권능과 영광에 의해 낮아짐을 당할 것이다. 이것은 하나님께서 충만한 복 가운데 왕국을 취하시고 열방을 유업으로 소유하시기 위함이다.

지난 집회에서는 가장 어려운 부분, 즉 이 세대와 오는 세대가 만나는 지점에서 발생할 일들에 대해 말씀드렸다. 즉, 지난 시간에 우리는 현존하는 것들의 실패(물론 사람 편에서)로 인해 악이 유발되기 때문에 하나님의 개입이 필요하게 된다는 사실을 살펴보았다. 그리고 적그리스도가 부추겨서 일어나게 될 짐승의 반역에 대해 특별히 언급했는데, 이로 인해서 배도가 최고조를 이루게 될 것이다. 또한 이러한 일들이 일어날 때 열방의 심판이 오게 될 것이다. 하나님께서는 짐승의 마지막 반역을 심판하실 뿐만 아니라 자신의 권능으로 열방을 심판하시며 맹렬한 진노를 이 땅에 쏟아 부으실 것이다.

이것이 바로 요한계시록 11장 15-18절에 나타나 있는 내용이다. "일곱째 천사가 나팔을 불매 하늘에 큰 음성들이 나서 가로되 세상 나라가 우리 주와 그 그리스도의 나라가 되어 그가 세세토록 왕노릇 하시리로다 하니 하나님 앞에 자기 보좌에 앉은 이십사 장로들이 엎드려 얼굴을 대고 하나님께 경배하여 가로되 감사하옵나니 옛적에도 계셨고 시방도 계신 주 하나님 곧 전능하신 이여 친히 큰 권능을 잡으시고 왕노릇 하시도다 이방들이 분노하매 주의 진노가 임하여 죽은 자를 심판하시며 종 선지자들과 성도들과 또 무론대소하고 주의 이름을 경외하는 자들에게 상 주시며 또 땅을 망하게 하는 자들을 멸망시키실 때로소이다 하더라" 이것과 동일한 주제를 언급하고 있는 다른 구절들도 살펴보자.

앞에서 우리는 메시야이며 온 땅의 참된 왕이신 주 예수님께서 네 번째 짐승과 유대인들, 즉 이방인들과 유대인들에게(본디오 빌라도라는 사람을 통해 이방인들에게, 그리고 제사장이라는 사람을 통해 유대인들에게) 제시되셨다는 것을 언급한 적이 있다. 그리스도는 세상과 자신의 백성에게 제시되셨지만, 그들에 의해 거절당하셨다. 하지만 좀 더 확장된 의미를 담고 있는 다음과 같은 구절이 있다. "열방이 분노하매 당신의 진노가 임했나이다" 하나님의 진노는 아들이 행하는 심판을 통해 나타날 것이며, 열방들을 부숴뜨리게 될 것이다.

시편 2편에는 다음과 같은 두 가지 사실이 나타나 있다. 첫째로는, 아드님께서 하나님의 거룩한 산인 시온 위에 왕으로 기름부음 받으시고 열방을 유업으로 소유하신다는 사실이다. 시온은 그분의 보좌이고 열방은 그의 기업이다. 둘째로, 여기에는 열방을 다루시는 하나님의 방법 - 복음과는 완전히 상반된 방법 - 이 나타나 있다. "네가 철장(鐵杖)으로 저희를 깨뜨림이여" 복음에 나타난 그리스도의 막대기는 인자와 사랑의 막대기이다. 그리스도의 사랑을 통해 이 막대기는 매우 달콤하고 강력하게 나타났다. 하나님의 양무리인 교회를 치는 그리스도의 막대기는 철 막대기(철장)가 아니다.

시편 기자는 땅의 왕들에 대해서 다음과 같이 말하고 있다. "그런즉 군왕들아 너희는 지혜를 얻으라…그 아들에게 입맞추라" 하나님의 뜻은 하나님의 아들이 온 땅 위에 왕으로 기름부음을 받는 것이다. 하나님께서는 이 땅의 군왕들을 불러서 아들에게 복종하게 하실 것이다. 하나님께서는 그들에게 "내가 지금 진노 가운데 말하노라. 나는 열방을 그리스도에게 기업으로 주노라. 그리고 그는 철장으로 너희를 부술 것이니라. 그는 너희를 조각조각 깨뜨릴 것이라. 그러므로 너희는 나의 아들, 시온에 있는 왕에게 굴복하라."고 말씀하신다. 하지만, 이 왕들은 자신들의 길을 가고 만다. 그들의 길은 사람의 지혜를 따라 정해지기 때문이다.

아아 슬프도다! 그들은 이 땅은 시온에 있는 왕인 그리스도에게 속한 것이 아니라고 생각한다. 땅의 군왕들에게 가서 시온의 왕이신 그리스도에 대하여 말해보라. 그들에게 당신들은 하나님의 진노를 입었다고 말해보라. 땅의 군왕들의 반역에도 불구하고, 하나님께서는 자신의 통치를 확실하게, 그리고 돌이킬 수 없게 선포하셨다. 그리고 하나님은 땅의 군왕들의 반대에도 불구하고 자신의 통치권을 확립하실 것이다. 하나님은 그리스도를 시온에 세우실 것이고, 열방을 그리스도에게 유업으로 주실 것이며, 그리스도의 소유는 땅 끝까지 이르게 될 것이다. 하나님께서는 선지자 미가를 통해 말씀하셨다. "이제 그가 창대하여 땅 끝까

지 미치리로다"(미 5:4)

그리스도께서 탄생하셨을 때 헤롯 왕은 그를 미워했다. 그리스도께서 아이로 탄생하시는 울음소리가 들렸을 때 헤롯 왕은 즉시 그분을 죽이기 위한 시도에 착수했다. 마지막 때에 과연 열왕들은 그리스도께 복종하라는 하나님의 요구를 받아들일 것인가? 이 질문에 대한 대답은 시편 82편에 나타나 있으니, 이 시편을 주의 깊게 읽어보기 바란다.

결국에 가서 이 땅의 재판장들은 자신들의 행동에 대한 책임을 져야 한다. "저희는 무지무각(無知無覺, 알지 못하고 깨닫지도 못함)하여" "내가 말하기를 너희는 신들이며" 하나님은 그들을 이 땅의 권위자로 세우셨다. "권세는 하나님께로 나지 않음이 없나니 모든 권세는 다 하나님의 정하신 바라"(롬 13:1) 하지만 그리스도인들은 여기에 해당하지 않는다. 하나님은 그리스도인들에게 세속 권력을 주시지 않았다. 결국 하나님은 이 세상의 모든 권세자들을 판단하실 수 있는 보다 높은 권세를 가지신 분이심을 친히 나타내실 것이다. 하나님이 재판장이라고 부르신 사람들을 판단할 권세가 있는 분은 바로 하나님 자신이시다. 하나님께서는 이러한 세상의 모든 권세를 파하시고 자신의 크고 위대한 권세와 통치를 세우실 것이다.

우리는 시편 9편 1-7절에서 이러한 판단이 집행될 장소가 이스라엘 땅이라는 사실과 주님께서는 이러한 권능의 행동을 통해 자신을 나타내실 것이라는 사실을 볼 수 있다. "주께서 열방을 책하시고 악인[적그리스도]을 멸하시며 저희 이름을 영영히 도말하셨나이다"(5절) 게다가 15-20절은 복음의 말이 아니다. 이것은 심판에 관한 예언적인 요구이며 의로운 요구이다. 바로 이상의 내용들이 그리스도인들이 시편을 읽을 때 발견하는 어려움들에 대한 설명이다. 이러한 어려움들은 시대적인 구분에 따른 하나님의 경륜의 차이를 이해하지 못할 때 생겨난다. 복음은 하나님의 은혜를 선포함으로써 악한 자들을 회심시킨다. 하지만 우리가 지금까지 읽은 내용들은 복음과는 상당히 차이가 난다. 일단 복음이 그 달려갈 길을 마치게 되면, 그리스도는 세상에 대해서 공의로운 판단을 집행하실 것이다.

이 때의 그리스도는 더 이상 아버지 우편에서 성령을 보내셔서 자신의 공동 상속자들을 모으시는 분이 아니다. 이 때의 그리스도는 교만하고 폭력적인 사람들을 향해 의를 요구하시는 분으로 나타날 것이다. 만약 하나님께서 심판을 집행하지 않으신다면 악은 더 악화될 뿐이고 신실한 자들은 위로받지 못하게 될 것이다. 하나님께서는 악이 최고조에 이르러서야 심판을 집행하실 것이다. 적그리스도와 열방들은 하나님과 그리스도를 대적하여 일어날 것이지만, 결국 이 땅에서는 하나님의 대적들이 제거됨으로써 하나님의 통치가 확립될 것이다. 시편의 말씀은 다윗이 당시에 자신의 대적들을 다스리게 해달라고 요청하는 것이 아니다. 이것은 그리스도께서 심판을 집행할 수 있도록 요구하는 것이다. 왜냐하면 나중에 그러한 때가 이르게 될 것이기 때문이다.

우리는 시편 10편 15-16절에서 동일한 진리를 발견하게 된다. "여호와께서는 영원무궁토록 왕이시니 열방이 주의 땅에서 멸망하였나이다" 이것은 열방의 악에 대한 끔찍한 심판을 말씀하는 시편들에서 발견되는 일반적인 원리이다. 즉, 하나님께서는 열방의 재판장들 사이에서 재판장으로서 일하신다.

이사야 2장 12-22절은 또한 하나님께서 이 땅에 임하게 하시는 큰 날에 대해서 보여준다. "대저 만군의 여호와의 한 날이 모든 교만자와 거만자에게 임하여 그들로 낮아지게 하고…여호와께서 일어나사 땅을 진동시킬 때라" 이것은 죽은 자들의 심판에 대한 말씀이 아니라, 이 땅에 살아 있는 자들에게 임하는 심판에 대한 말씀이다.

스바냐 3장 8절을 읽어보라. 이 구절을 통해 우리는 이러한 심판이 모든 열방에 임할 것이고, 이 일 후에 하나님은 자신의 이름을 아는 지식이 온 땅에 가득하게 만드실 것이라는 사실을 이해할 수 있다. "나 여호와가 말하노라 그러므로 내가 일어나 벌할 날까지 너희는 나를 기다리라 내가 뜻을 정하고 나의 분한과 모든 진노를 쏟으려고 나라들을 소집하며 열국을 모으리라 온 땅이 나의 질투의 불에 소멸되리라" 악한 열방에 대한 하나님의 뜻은 그들을 모아 자신의 진노를 쏟아 붓는 것이다. 이것은 참으로 끔찍한 심판이 될 것이다. 여호와를 아는 지식이 이 땅을 채우게 되는 것과 관련된 기대는 9절에 나타나 있다. 이러한 복은 하나님께서 이 심판을 집행하셔서 행악자들을 제거하신 후에야 나타날 것이다. 이러한 말씀들은 매우 분명한 하나님의 계시를 담고 있다.

여호와를 아는 지식이 하나님의 심판의 결과로서 퍼져가게 될 것이라는 이러한 동일한 진리가 이사야 26장 9-11절에도 잘 나타나 있다. "주께서 땅을 심판하시는 때에 세계의 거민이 의를 배움이니이다 악인은 은총을 입을찌라도 의를 배우지 아니하며" 이것은 악인들에게 은혜를 베풀어도 효과가 나타나지 않기에, 그 결과 악인들은 심판을 받게 될 것이라는 뜻이다. 다시 한 번 우리는 하나님께서 열방을 모아 그들에게 진노를 쏟으시기로 결정하셨으며 이것은 하나님의 진노의 맹렬한 진노가 될 것이라는 사실을 확인하게 된다. 이것은 참으로 끔찍한 날이 될 것이다. 세상은 이때가 올 것이라는 사실을 알아야 한다.

우리가 지금 살펴보고 있는 진리를 보여주는 또 다른 구절은 시편 110편에 있다. "여호와께서 내 주에게 말씀하시기를 내가 네 원수로 네 발등상 되게 하기까지 너는 내 우편에 앉으라 하셨도다" 예수님께서는 자신의 원수들이 그분의 발등상이 될 때까지 아버지 하나님 우편에 앉아 계신다. 그 때가 올 때까지 하나님께서는 성령을 보내서서 그리스도인들을 모으신다. 그리스도는 성령님을 보내서서 죄에 대해, 의에 대해, 심판에 대해 우리를 깨우쳐 주신다. 그리고, 주님께서 자신의 대적들을 발등상으로 만드시는 날이 반드시 올 것이다. 이에 대해 예수님께서는 "그러나 그 날과 그 때는 아무도 모르나니…아버지만 아시느니라"(막 13:32)고 말씀하셨다. 하지만, 주 예수님께서 만물을 유업으로 상속받으실 것이라는 사실이 성경에 분명하게 기록되어 있다. 이것을 주님의 입장에서 다음과 같이 말할 수 있다. "이러한 사실은 '나(Me)'에 대해 예언된 말씀에 나타나 있다. 아버지께서 나에게 말씀하시기를 '내가 네 원수로 네 발등상 되게 하기까지 너는 내 우편에 앉으라'고 하셨다. 지금이 그러한 때는 아니다. 나는 아버지께서 그 뜻을 성취하실 때까지 하나님 우편에 앉아 있을 것이다." 하나님께서 영원히 복주신 주 예수님께서는 인간 중재자로서 왕국을 받으시고 통치하실 것이다.

하나님이 선포하신 칙령의 성취와 관련해서 그 때는 "여호와께서 시온에서부터 주의 권능의 홀을 내어 보내실" 때라고 언급되어 있다. 우리는 여기서 여호와께서 자신의 원수들을 발 아래 두실 때까지 그리스도께서 하나님 우편에 앉아 계신다는, 이 세대의 경계를 분명히 확인할 수 있다. 이 일 후에는 "주는 원수 중에서 다스리소서"라는 말씀이 나타나 있다. 이것은 주께서 자신의 진노의 날에 권능을 나타내시고 군왕들을 쳐부수실 때 성취될 것이다. 주님께서는 열방 가운데 심판하실 것이며, 죽은 시체들로 이 땅을 채우실 것이고, 여러 국가들의 머리 즉, 땅의 우두머리들을 상하게 하실 것이다. 예레미야 25장 28절에도 동일한 주제가 나타나 있다. 이 구절은 우리 주변에서 보는 모든 것의 끝을 말씀하고 있다. "그들이 만일 네 손에서 잔을 받아 마시기를 거절하거든 너는 그들에게 이르기를 만군의 여호와의 말씀에 너희가 반드시 마시리라" 또한 31절을 보라.

언급해야 할 두 가지 사실이 아직 남아 있다. 첫 번째는 이 모든 재앙들이 일어나는 곳은 예루살렘이라는 사실과, 두 번째는 하나님께서는 이것에 참여하게 될 모든 나라들을 자신의 말씀에 열거해 놓으셨다는 사실이다. 우리는 노아의 모든 후손들이(그들에 관해서는 창세기 10장에 목록이 나타나 있다) 이러한 하나님의 심판의 순간에 다시 나타나는 것을 보게 될 것이다. 우리는 짐승 또는 곡의 다스림 아래 있던 그들, 즉 세상 모든 사람들이 나타나는 것을 보게 될 것이다.

예루살렘과 관련된 구절로는 요엘 3장 1,9-17절과 미가 4장 11-13절, 스가랴 12장 3-11절, 그리고 스가랴 14장 3-4절을 들 수 있다. "그 날에는 내가 예루살렘으로 모든 국민에게 무거운 돌이 되게 하리니 무릇 그것을 드는 자는 크게 상할 것이라 천하 만국이 그것을 치려고 모이리라 여호와가 말하노라 그 날에 내가 모든 말을 쳐서 놀라게 하며 그 탄 자를 쳐서 미치게 하되 유다 족속은 내가 돌아보고 모든 국민의 말을 쳐서 눈이 멀게 하리니 유다의 두목들이 심중에 이르기를 예루살렘 거민이 그들의 하나님 만군의 여호와로 말미암아 힘을 얻었다 할찌라 그 날에 내가 유다 두목들로 나무 가운데 화로 같게 하며 곡식단 사이에 횃불 같게 하리니 그들이 그 좌우에 에워싼 모든 국민을 사를 것이요 예루살렘 사람은 다시 그 본 곳 예루살렘에 거하게 되리라 여호와가 먼저 유다 장막을 구원하리니 이는 다윗의 집의 영광과 예루살렘 거민의 영광이 유다보다 더하지 못하게 하려 함이니라 그 날에 여호와가 예루살렘 거민을 보호하리니 그 중에 약한 자가 그 날에는 다윗 같겠고 다윗의 족속은 하나님 같고 무리 앞에 있는 여호와의 사자 같을 것이라 예루살렘을 치러 오는 열국을 그 날에 내가 멸하기를 힘쓰리라 내가 다윗의 집과 예루살렘 거민에게 은총과 간구하는 심령을 부어 주리니 그들이 그 찌른바 그를 바라보고 그를 위하여 애통하기를 독자를 위하여 애통하듯 하며 그를 위하여 통곡하기를 장자를 위하여 통곡하듯 하리로다 그 날에 예루살렘에 큰 애통이 있으리니 므깃도 골짜기 하다드림몬에 있던 애통과 같을 것이라"(슥 12:3-11) "그 때에 여호와께서 나가사 그 열국을 치시되 이왕 전쟁 날에 싸운 것 같이 하시리라 그 날에 그의 발이 예루살렘 앞 곧 동편 감람산에 서실 것이요 감람산은 그 한가운데가 동서로 갈라져 매우 큰 골짜기가 되어서 산 절반은 북으로, 절반은 남으로 옮기고"(슥 14:3-4)

사도행전 1장에는 예수님께서 감람산에서 승천하실 때 천사들이 제자들에게 "너희가 하늘로 가심을 본 그대로 오시리라"고 말한 내용이 기록되어 있다. 즉, 주님께서는 감람산에 다시 오실 것이다. 에스겔 11장 23절과 비교해 보라. 스가랴 14장 4절에서는 "그 날에 그의 발이 예루살렘 앞 곧 동편 감람산에 서실 것이요"라고 말씀하고 있다. 여기서 그의 발은 여호와의 발을 가리킨다. 비록 예수님께서는 슬픔의 사람이셨지만, 그분은 지금도 여호와이시고 영원 전부터도 그러하셨다.

우리가 주목해 보아야 하는 두 번째 요점은 노아의 후손인 열방들이 이 시대의 끝에 짐승과 곡이라는 두 가지 중요한 권력의 지배 아래서 등장하게 될 것이라는 점이다. 창세기 10장 5절을 보면 "이들로부터 여러 나라 백성으로 나뉘어서 각기 방언과 종족과 나라대로 바닷가의 땅에 머물렀더라"라고 말씀하고 있다. "야벳"의 아들들 가운데는 고멜[50]과 마곡과 마대와 야완과 두발과 메섹과 디라스가 있었다. 에스겔 38장을 보면 곡을 따르는 자들의 이름 가운데 동일하게 고멜, 마곡, 두발, 메섹이 있음을 확인할 수 있다. 여기에서 우리는 바사(페르시아)가 메대(마대)와 연합되어 있는 것을 볼 수 있고, 바사가 메대의 손에서 면류관을 받는 것을 볼 수 있다(이 사실은 다니엘 8장과 기타 구절들에도 나타나 있다). 위에 있는 야벳의 아들들 가운데 야완과 디라스에 대해서는 아래에서 셈의 아들들을 설명할 때 간단히 살펴보겠다. 위에서 언급한 나라들은 러시아, 소아시아, 타르타리, 페르시아를 이루고 있는 나라들이다(간단하게 말하자면 러시아 제국과 러시아 제국의 영향 아래 있는 나라들을 이루고 있는 나라들이다). 에스겔 38장에서 이 나라들은 로스(러시아)와 메섹(모스크바)과 두발(토볼스크)의 왕인 곡의 지배 아래 있다고 묘사되어 있다.

"함"의 아들들은 창세기 10장 6절에 나타나 있다. "함의 아들은 구스와 미스라임과 붓과 가나안이요" 함의 여러 아들 가운데 가나안은 멸망받았고, 그의 나라는 이스라엘로 넘어갔다. 또한 이 가운데 구스(에디오피아)와 붓(리비아)은 에스겔 38장을 보면 역시 곡의 지배 아래 있음을 알 수 있다. 여기서 구스 사람들은 단지 부분적으로 나타나 있는데, 그것은 구스 사람들 가운데 일부는 유브라데에 정착해서 살았고 나머지 사람들은 나일강[51]에 정착해서 살았기 때문이다. 즉, 구스 사람들 가운데 일부는 이스라엘의 북쪽에, 다른 일부는 이스라엘의 남쪽에 살았던 것이다. 북쪽의 사람들은 그 위치를 볼 때 곡의 무리들과 직접적인 관계 가운데 있었다. 함의 아들들 가운데 미스라임 즉 이집트 사람들(미스라임은 이집트를 가리키는 히브리식 이름이다)과 구스 사람들 가운데 남은 자들, 리비아 사람들은 마지막 날에 등장할 것이다(단 11:43).

"셈"의 아들들 가운데 엘람은 바사(페르시아)를 일컫는 이름이며 이에 대해서는 앞에서 이미 언급했다. 앗수르는 심판의 날에 이름이 언급되어 있는데, 마지막 때에 자신의 자리를 차지하게 될 것이고(미 5:6, 사 14:25, 사 30:33), 또한 시편 83편에 나와 있는 대로 주를 대적하여 공모를 벌이는 여러 나라들 가운데 이름이 언급되어 있다. 셈의 또 다른 아들인 아르박삿은 이스라엘 사람들의 선조 가운데 하나이다. 아르박삿의 증손자인 욕단의 후손들에 대해서는 아는 것이 없다. 아마 동방의 어떤 나라 사람들이 아닐까 추정할 뿐이다(창 10:30). 셈의 아들 가운데 아람 즉 시리아는 앗수르에 의해 점령되었는데, 나중에 북방 왕의 깃발 아래에서 그 이름이 발견된다. 그리고, 셈의 아들인 룻에 대해서도 같은 말을 할 수 있다. 야벳의 아들들 가운데 설명을 안하고 넘어갔던 야완(그리스)과 디라스 가운데 야완은 마지막 전투에 함께 하게 될 것이고(슥 9:13), 디라스는 모든 나라들 가운데서 욕단의 옆에 있게 될 유일한 나라가 될 것이다. 욕단은 이러한 큰 심판에서 그 이름이 발견되지 않는다. 세속의 학자들은 디라스와 야완을 그리스 안에 함께 포함시키지만, 나는 이러한 주장에 동의하지 않는다. 요새 일어나는 정세를 보면 러시아가 정확히 곡[52]의 통치 아래 있게 될 여러 나라들에 자신의 권세를 확장시키는 것을 볼 수 있다.

다니엘 11장에서는 두 왕에 대해 언급하고 있는데, 우리는 이 두 왕에 대해 주의를 기울일 필요가 있다. 이 두 왕은 남방 왕과 북방 왕이다. 다니엘 11장에는 그들이 벌인 여러 싸움을 포함해서 이미 성취된 사건들이 길게 기록되어 있다. 하지만 이러한 기록 이후에는 깃딤의 배가 온다고 기록되어 있고(30절), 그 후에는 그들의 역사가 중단된다. 이 두 왕들은 야완(그리스)의 큰 왕의 후계자들이다. 한 왕은 앗수르를 지배했고, 다른 한 왕은 이집트를 지배했다. 그들이 싸움을 벌인 목적은 수리아(시리아)와 거룩한 땅(예루살렘)을 차지하기 위해서이다. 31-35절에는 유대인들이 오랫동안 제껴짐을 당하는 것으로 묘사되어 있다(33절을 보십시오). "또 그들 중 지혜로운 자 몇 사람이 몰락하여 무리 중에서 연단을 받아 정결하게 되며 희게 되어 마지막 때까지 이르게 하리니 이는 아직 정한 기한이 남았음이라 그 왕은 자기 마음대로 행하며"(35-36절) 이 왕은 바로 적그리스도를 가리킨다. 41절에서 우리는 이 왕이 이스라엘 땅에 있는 것을 보게 된다. 이스라엘 땅은 북방 왕과 남방 왕의 위치를 구분하는 기준이 된다.

"마지막 때에 남방 왕이 그를 찌르리니" 긴 시간이 흐른 후에 남방 왕이 다시 다니엘 11장에 등장한다. 역사적으로 볼 때 이 일은 약 2천년의 시간 간격이 지난 후에 불과 4년 전에 일어났다[53]. 그리고, 곡의 통치 아래 있을 것으로 묘사된 나라들 가운데 많은 나라가 이제 러시아의 지배 아래로 들어오고 있다. "북방 왕이 병거와 마병과 많은 배로 회리바람처럼 그에게로 마주 와서" 적그리스도는 북방(터키 즉 앗수르) 왕과 남방(이집트) 왕의 공통의 공격 목표가 될 것이다. 나는 마지막 때에 누가 북방 왕이 될 것인지 구체적으로 말할 수 없다. 하지만 우리는 작정된 기한 곧 "마지막 때"를 언급하고 있는 예언들에 묘사된 상황과 인물들이 역사 속에서 나타나기 시작하는 것을 볼 수 있다. 남방 왕이 존재한 후로 거의 2천년이 지났다. 그리고 불과 몇 년 전에 남방 왕이 다시 나타났다. 마찬가지로, 불과 100년 전만 해도 그 존재조차 거의 알지 못하던 한 큰 백성이 나타나서, 에스겔에서 곡의 지배 아래 있다고 되어 있는 나라들을 정확하게 다스리고 있다.

하지만 우리 시대에 일어나고 있는 사건들에 너무 많은 관심을 쏟지 않기를 바란다. 오직 우리가 예언을 정확하게 설명했을 때에만 우리는 주변의 상황들을 올바로 이해할 수 있기 때문이다. 모든 나라들이 예루살렘에 주의를 기울이고 있지만(슥 12:3), 어떻게 행동해야 할지는 잘 모르고 있다. 이집트의 왕은 모든 이스라엘을 자신의 것으로 삼고 싶어 하지만, 북방 왕은 그것을 양도하려 하지 않는다. (투르크가 북방 즉 앗수르의 실제 왕이다.) 북방 왕과 남방 왕은 이 나라를 두고 2천년 전에 싸움을 벌였다. 예언의 말씀에서는 이와 동일한 일이 "작정된 기한"에 일어날 것을 말씀하고 있다. 우리는 예언의 모든 것들을 분명하게 알 수 있다고 말할 수 없다. 예를 들어, 우리는 열 왕이 누구인지 구체적으로 열거할 수 없고 적그리스도는 아직 등장하지 않았다. 하지만 하나님의 말씀에서 발견되는 원리들이 열 뿔이 나타나기로 되어 있는 왕국들 가운데서 역사하고 있다. 즉, 우리는 모든 서유럽 국가들이 예루살렘에 주의를 집중하면서 전쟁을 준비하고 있고, 러시아가 자기 나름대로 이 세상에서 자신에게 주어진 나라들 위에 영향력을 행세하면서 자기를 준비시키고 있다는 것을 볼 수 있다.

지금도 여전히 이 세상의 정치가들의 생각은 마지막에 여러 나라들이 모여들어 하나님의 심판을 받게 될 이 예루살렘에 집중되어 있다[54]. "여호와께서 곡식단을 타작 마당에 모음같이 그들을 모으시나니"(미 4:12) 우리 주변에서 일어나고 있는 이러한 일들은 성경의 예언과 기막힌 일치를 보이고 있다. 우리 주변에서 일어나는 일들을 관찰해 보면 우리는 몇 가지 예언의 말씀들을 떠올리게 된다. 적어도 우리는 예언에서 지적하고 있는 특징들이 여러 나라들에서 나타나고 있는 것을 볼 수 있을 것이다.

여러분이 만일 우리가 지금까지 인용했던 여러 구절들을 잘 이해하고 있다면(물론 다른 구절들도 많이 있다), 여러분은 주님께서 자신의 보좌에 앉으셔서 모든 열방을 모아(이것은 요엘 3장을 언급한 것이다) 심판하시고 "목자가 양과 염소를 분별하는 것 같이" 그들을 분별해 낼 것을 말씀하고 있는 마태복음 25장을 잘 이해할 수 있을 것이다[55].

한 가지 사실을 기억하라. 그것은 우리 그리스도인들은 다가오는 하나님의 진노의 폭풍으로부터 보호를 받는다는 사실이다. 오늘 나는 교회에 대해서는 한 마디도 말하지 않았다. 하지만 교회의 위치를 잠깐 동안 상기해보자. 이러한 사건들이 일어나는 동안에 교회는 그리스도와 함께 있을 것이다(교회는 지금 믿음으로 그리스도와 연합해 있다). 교회는 "주 예수 그리스도와의 연합"에서 오는 이러한 특권과 영광, 특별한 특징을 가지고 있다. 우리가 만약 구약에서 교회를 찾으려 한다면 우리가 발견하는 것은 예수 그리스도 뿐이다. 로마서 8장에서 바울은 이사야 50장으로부터 인용한 글을 통해 이러한 연합의 진리에 대한 놀랄 만한 사례를 보여주고 있다. 이사야 50장에서 그리스도께서는 "누가 나를 정죄할 것인가?"(사 50:7-9 참조)라고 말씀하고 있다. 그런데 바울은 그리스도의 이 말씀을 교회에 적용하고 있다(롬 8:29-34 참조). 그것은 교회가 "그리스도와 하나로 연합"되어 있기 때문이다.

그리고, 유대인과 이방인이 교회 안에서 한 몸으로 연합되어 있는 사실은 구약 성경에는 전혀 나타나 있지 않았다. 우리가 이 사실을 구약에서 찾아보려 한다면, 우리가 발견하는 것은 다만 그리스도 자신 뿐이다. 구약에는 여호와와 시온 사이의 관계에 대해 많은 것들이 나타나 있고 이러한 것들 가운데는 하나님과 교회 사이의 관계에도 해당되는 것이 있지만, 그럼에도 우리가 시온 안에서 교회를 발견할 수 있는 것은 아니다. 구약에서 교회의 특권들은 그리스도라는 인격 안에 존재하고 있을 뿐이다. 왜냐하면 교회는 그리스도와 동일한 분깃을 누리기 때문이다. 이러한 점에 대해 에베소서 1장 22-23절은 교회가 "만물 안에서 만물을 충만케 하시는 자의 충만이니라"고 말씀하고 있다. 바로 이러한 이유 때문에 우리는 예언의 말씀들에서 교회를 찾으려 해서는 안된다. 교회는 그리스도의 몸이고, 그리스도께서는 심판받는 것이 아니라 심판하실 분이시기 때문에, 교회는 결코 그리스도의 심판의 대상이 될 수 없다.

앞에서 우리는 그리스도께서 열방을 쳐서 부수실 것이라는 사실을 살펴보았다. 우리는 교회가 이 일을 그리스도와 더불어 하게 될 것이라고 말할 수 있다(고전 6:2 참조). 교회는 우리가 지금까지 언급했던 예언의 사건들과는 상관이 없다. 교회는 이 땅의 나라들이 받을 심판에 처해지지 않는다. 요한계시록 2장 26-27절을 보라. 교회는 그리스도의 철장에 의해 질그릇처럼 조각조각 부서지게 될 열국들 가운데 있지 않을 것이다. 그리스도와 연합되어 있는 교회는 그리스도와 동일한 특권을 누리기 때문에, 교회는 그리스도와 함께 열국들을 부숴뜨리는 위치에 있게 될 것이다. 하지만 이 세상에서 주님이 영광을 취하시지 않으셨듯이, 이것은 교회도 마찬가지이다.

그러므로 우리는 그리스도와 함께 공동 상속자가 된 존재로서 우리의 위치를 올바로 이해하는 것이 참으로 중요하다. 우리가 우리의 놀라운 위치를 생각하면 할수록 우리의 능력은 더욱 강해질 것이고, 하나님의 상속자인 우리의 마음은 이 세상으로부터 더욱 멀어지게 될 것이다. 이 세상은 이미 심판을 받았지만 교회는 의롭다함을 받았다. 교회는 진정으로 의롭다함을 받았다. 영광이 아직 이르지 않았기 때문에 우리는 교회의 위치가 가져 오는 궁극적인 결과를 아직 맛보지는 못했다. 하지만, 교회는 의롭다함이 가져 오는 결과를 놀라운 영광 가운데서 반드시 얻게 될 것이다. 아직 그 결과를 맛본 것은 아닐지라도 교회가 그리스도와 연합되어 있다는 것은 참된 사실이다.

반면에, 이 세상은 자신이 저지른 악으로 인해 심판을 받게 될 것이다. 사실상 이 세상은 그리스도를 거절했기 때문에 이미 심판을 받은 것이다. 구주께서는 "의로우신 아버지여 세상이 당신을 알지 못했나이다"라고 말씀하셨다. 하지만 우리는 은혜로 인해 아버지를 알게 되었다. 사람들이 불신앙으로 인해 그리스도와 전적으로 그리고 영원히 분리된 것처럼, 우리는 은혜로 말미암아 믿음을 통해 "그리스도와 전적으로 그리고 영원히 연합"되었다. 우리는 이와 같은 놀라운 사실을 이루신 하나님을 높이 찬양해야 마땅하다.

Chapter 8

로마서 11장
이스라엘이 가나안 땅에 들어간 일은 약속의 결과였다

우리는 로마서 11장 1절에서 바울이 이스라엘에 대하여 다음과 같은 질문을 하는 것을 본다. "하나님이 자기 백성을 버리셨느뇨" 로마서 8장까지 바울은 유대인과 이방인을 포함하여 우리 모두의 역사를 자세하게 다루었다. 즉, 바울은 예수 그리스도의 죽음과 부활을 통해 사람이 하나님과 화목하게 되었다는 하나님의 은혜의 복음을 선포했다. 이것을 선언한 후에, 바울은 로마서 9장에서 세대들의 역사를 다루기 시작했다. 그는 하나님께서 유대인과 이방인을 향해 일하시는 방법을 설명했다. 그리고 나서 11장 서두에서 그는 "하나님이 자기 백성을 버리셨느뇨"라는 질문을 던지고 있다.

앞에서 우리는 네 짐승의 역사와 교회의 역사에 대해 살펴보면서, 유대인들이 꺾여짐을 당함으로 인해서 그 후에는 죄인들을 구원하기 위한 복음이 이 세상에 전파되었으며 천상적 백성인 교회에 대한 감춰진 비밀이 이를 통해 계시되었다는 사실을 살펴보았다. "이는 이제 교회로 말미암아 하늘에 있는 정사와 권세들에게 하나님의 각종 지혜를 알게 하려 하심이라" 이 시대에 복음을 통해 회심한 유대인들은 개인적으로 은혜의 경륜[56] 안으로 들어오게 되고 교회의 한 지체가 된다. 그런데, 이와 관련해서 당장에 "하나님이 자기 백성을 버리셨느뇨"라는 질문이 이스라엘 민족의 단체적인 운명과 관련해서 제기되고 있다.

이러한 질문은 하나님의 천상적 백성인 교회에 대한 질문이 아니라 육신을 따라 하나님의 백성이 된 유대인들에 대한 질문이다. 바울은 28절에서 "복음으로 하면 저희가 너희를 인하여 원수 된 자요 택하심으로 하면 조상들을 인하여 사랑을 입은 자라"라고 말한다. 유대인들 가운데서도 복음에 따라 택함받은 사람들이 있지만, 로마서 11장에는 단체적인 측면에서 유대인들이 복음을 통해 은혜로 들어오게 되었다고 말하고 있지 않다. 여기서 다루는 문제는 육신을 따라 하나님의 백성이 된 국가적인 이스라엘에 대한 것이다. 그들은 복음에 대해서는 원수이지만, 선조들로 인해서는 국가적인 선택을 받았다는 원리로서 사랑을 입었다.

복음이 전파되었기 때문에 하나님께서는 자신의 백성을 버리신 것인가? 하나님은 이제 그들을 적으로 여기시는가? 여기에 대한 사도의 대답은 "그럴 수 없느니라"이다.

우리 그리스도인들은 "하나님의 은사와 부르심에는 후회하심이 없다"는 사실을 자랑스러워한다. 이것은 성경적인 원리라고 할 수 있다. 그런데 사도 바울은 이 원리를 누구에게 적용하고 있는가? 그것은 우리에게가 아니라 유대인들에게다. 하나님의 모든 말씀은 문맥을 고려하는 것이 중요하다. 말씀을 이해할 때 우리는 하나님께서 말씀의 각 부분을 위치시켜 놓은 문맥을 벗어나서 이해하려 해서는 안 된다.

지금은 천상적 백성인 교회가 부름을 받고 있는 시대이다. 그래서 지금 하나님께서는 지상적 백성인 유대인들을 옆으로 제껴 놓으셨다. 이스라엘은 국가적으로는 결코 교회 안으로 들어올 수 없다. "이방인의 충만한 수가 들어오기까지 이스라엘의 일부가 완악하게 된 것이라" 즉, 지금 이 세대에 하나님의 자녀들이 교회라는 몸을 이루기 위해 모두 부름받을 때까지 이스라엘은 국가적으로 옆으로 제껴짐을 받은 것이다.

하지만 국가로서의 이스라엘은 결국에 구원을 받게 될 것이다. "구원자가 시온으로부터 오실 것이라" 하나님께서는 자신의 백성을 아주 버리신 것이 아니다. 그들은 지금은 복음에 관하여 원수로 행동하고 있고 이방인의 충만한 수가 차기까지 계속 그러할 것이지만, 때가 되면 구원자가 그들에게 오실 것이다. 이와 같은 사실이 유대인에 관한 하나님의 계획이다.

지금이 이방인의 시대[57]라 할지라도 만약 이방인들이 "하나님의 인자하심에" 계속해서 거하지 않는다면 그들도 조만간 찍히는 바가 되고 말 것이다. "너희가 만일 하나님의 인자에 거하면 그 인자가 너희에게 있으리라 그렇지 않으면 너도 찍히는 바 되리라"

감람나무의 뿌리는 율법 아래에서의 이스라엘만이 아니다. 감람나무의 뿌리는 하나님의 부르심을 받은 아브라함이다. 이러한 부르심은 하나님으로부터 택함받아 세상에서 분리되었으며 하나님의 약속을 받았던 한 사람에 대한 부르심이었다. 하나님께서는 아브라함과 아브라함의 육신상의 후손들을 택하셨다. 이스라엘은 약속을 받은 자로서 해야 할 역할을 수행해야 했고, 하나님의 선택을 보여주는 실례(實例)로서 그 기능을 수행해야 했다. 지금은 그러한 기능을 교회가 수행하고 있다.

모든 약속들의 뿌리인 아브라함을 이해하기 위해서는 그 전에 진행되었던 시대들을 살펴볼 필요가 있다. 먼저, 최초에 아담이 실패했을 때 그가 홀로 남겨진 것을 볼 수 있다. 하나님의 증거들이 없던 것은 아니었지만 그 때에는 법도 없었고 통치체계(government)[58]도 없었다. 그래서 그 결과 이 세상에는 악이 최고조로 나타났고 세상은 강포와 타락으로 가득찼다. 그래서 하나님께서는 홍수를 통해 세상을 정화시키셨다[59].

그런데 노아의 홍수가 일어난 후에 변화가 발생했다. 생명과 사망의 권리가 사람들에게 주어지고 복수의 권리도 사람들에게 주어진 것이다. "다른 사람의 피를 흘리면 그 사람의 피도 흘릴 것이니" 노아의 아버지 라멕은 아들 노아에 대해 "여호와께서 땅을 저주하시므로 수고롭게 일하는 우리를 이 아들이 안위하리라"고 말한 적이 있다. 하나님께서는 노아 및 피조물들과 언약을 맺으셨고, 그 언약의 증거로 무지개를 보여주셨다. "여호와께서 그 향기를 받으시고 그 중심에 이르시되 내가 다시는 땅을 저주하지 아니하리니"(창 8:21, 9:6,12,13). 이것은 노아가 하나님께 희생(이 희생은 그리스도의 희생에 대한 모형이다)을 드린 후에 바로 하나님께서 이 땅에 대해 주신 언약이다.

하지만 노아는 사람들이 늘 그러하듯이 이 언약에서 실패했다고 말할 수 있다. 그는 농작물을 수확하여 이 땅에서 복을 거둬들이는 대신에 포도를 경작하기 시작하면서 포도주에 취하고 말았다. 과거에 인류가 실패한 것에 대한 망각과 노아 자신의 잘못으로 인해, 통치체계(government)라는 적절한 원리가 처음부터 힘을 잃고 말았다. 노아는 지배권을 가지고 있었지만, 아들 가운데 한 명의 조롱거리가 되고 말았던 것이다.

이처럼 우리는 이러한 모든 세대들[60] 가운데서 인간의 실패를 볼 수 있다. 하지만 인간이 자신의 어리석음으로 인해 모든 세대들 가운데서 잃어버린 것들은 그것이 이 땅에 대한 축복이든지, 또는 유대인들의 번영이든지, 또는 교회의 영광이든지 간에 그리스도 안에서 결국 회복될 것이다. 첫째 아담 아래에서 나타났다가 실패했던 모든 것들은 둘째 아담이자 교회의 신랑이시며 유대인과 온 땅의 왕이신 그리스도 아래에서 다시 꽃을 피우게 될 것이다.

노아 시대 이후에도 여러 가지 실패가 발생했다. 하나님께서는 전에 노아의 홍수를 통해 엄중한 심판을 집행하셨고 자신의 섭리를 드러내셨다. 그 때 이후에 사단은 무엇을 했는가? 하나님에 의해 묶여 있지 않은 동안에 사단은 이 세상 것들을 소유하고 있다. 홍수 사건을 통해서 하나님께서 주권적인 심판을 통해 자신을 나타내시자마자 사단은 그 이후에 자신을 이 세상의 신으로 드러냈다. 그는 스스로 하나님처럼 되었고, 사람들은 우상숭배를 통해 결국 사단을 섬겼다. 그래서 "대저 이방인의 제사하는 것은 귀신에게 하는 것이요 하나님께 제사하는 것이 아니니"라고 성경에 기록되어 있다. 사단은 스스로 이 세상의 임금이 되었다. 하나님께서는 이스라엘 백성들에게 "옛적에 너희 조상들이 강 저편에 거하여 다른 신들을 섬겼으니"(수 24:2)라고 말씀하셨다. 하나님께서 우상숭배에 대해 언급하시는 것은 노아의 홍수 직후가 처음이다.

이와 같이 사람들 사이에 우상숭배가 횡행하고 있을 때 하나님께서는 아브라함을 부르셨다. 이렇게 하나님의 부르심이 나타났을 때, 하나님의 부르심을 받은 사람들은 이 땅의 것들로부터 외적으로 구별되는 일이 일어났다. 사단은 사람들이 소원을 비는 대상이 되었고 이를 통해 사람들의 생각에 영향을 미치고 있었기 때문에, 진리를 보존하기를 원하셨던 참되신 하나님께서는 우상을 숭배하는 다른 사람들로부터 한 백성을 구분해 내실 필요가 있었다. 인간들을 향한 하나님의 모든 경륜은 바로 다음의 사실을 드러냈다. 즉, 하나님께서는 아브라함과 그 후손들을 부르셔서 "한 하나님 외에는 다른 신이 없다"(신 4:35을 참조하라.)라는 위대한 진리를 드러내는 한 백성이 되게 하셨다. 이렇게 해서 이 땅에서 행하시는 하나님의 모든 행동들은 지상에서 하나님의 뜻의 중심이자 하나님의 통치권의 중심으로서 유대인들에게 전적으로 또 직접적으로 행해졌던 것이다. 이러한 점이 신명기 32장 8절에 나타나 있다.

여러분은 말씀에서 다음과 같은 두 가지 원리가 구분되어 있는 것을 볼 수 있다. 하나는 아브라함에게 주신 무조건적 언약이고, 또 다른 하나는 이스라엘에게 주신 조건적 언약이다. 조건적 언약에서는 언약을 지키지 않으면 모든 것을 잃게 된다. 하지만 아브라함은 조건 없이 약속들을 받았기 때문에, 이스라엘이 실패했음에도 불구하고 하나님께서는 그 약속들을 저버리실 수가 없다. 이것은 아주 중요한 원리이다. 만약 하나님께서 아브라함에게 하신 자신의 약속들을 지키지 않으신다면 그분께서는 우리에게 하신 약속들도 지키지 않으실 수 있기 때문이다.

이스라엘이 조건적인 약속들을 받은 것은 시내산이었다. 하지만 그들은 실패했다. 그렇다고 해서 하나님께서 아브라함에게 4백년 전에 주신 약속들이 이로 인해 무효가 되거나 약해진 것은 아니다. 여기서 나는 하나님께서 아브라함에게 주신 약속들에 대해 말하려는 것은 아니다. "열방이 네 안에서 복을 얻을 것이니라"는 약속은 이 시대에서 복음을 통해 부분적으로 성취되었다. 그리고 이러한 약속들의 성취는 온전히 하나님의 신실하심에 달려 있다. 이제 이스라엘에게 주신 약속들에 대해서 살펴보자.

이 주제와 관련해서 창세기 12장에서 좀 더 자세히 살펴보기로 하자. 창세기 12장에는 아브라함의 부르심이 있다.

그 당시 아브라함의 가족은 우상을 섬기고 있었다. 하나님께서는 이러한 아브라함을 부르시고 그에게 약속들을 주셨다. 하나님께서 처음에 아브라함에게 주신 약속에 담긴 단어들은 매우 일반적이었고, 순전한 영적 축복 뿐만 아니라 지상적(현세적) 축복에 관한 내용도 담겨 있었다. 이러한 두 가지 종류의 축복들은 둘 다 아무런 조건이 붙어 있지 않은 채로 동일한 구절에 포함되어 있다. 이 약속 가운데 영적인 부분은 창세기 22장에서 단지 한 번 반복되고 있다. 그것은 "씨(the seed)"에 관한 것이며, 현세적이지 않고 영적인 성격을 갖는다.

또한 창세기 15장에서 우리는 하나님께서 아브라함에게 맺으신 언약의 기반 위에서 약속이 조건 없이 세워지는 것을 볼 수 있다. 그것은 한 "국가"라는 절대적인 선물을 가리키고 있는 현세적인 약속이다. 창세기 15장에는 그 국가가 셀 수 없이 번성할 것이 나타나 있고(15:5,18), 그 나라의 정확한 경계가 묘사되어 있다(18절 이하). 그리고, 창세기 17장 7-8절에서는 "땅"에 대한 현세적 약속이 다시 나타나 있다. 이 약속은 이삭에게 다시 확증되었고(26:3-4), 야곱에게도 확증되었다(35:10,12).

이러한 약속들이 바로 "조상들에게 하신 약속들"이며, 이를 통해 이스라엘은 "조상들을 인하여 사랑을 입은 자"(롬 11:28)가 된 것이다. 이러한 약속들은 그것이 영적이든지 또는 현세적이든지간에 처음에 아브라함에게 조건 없이 주어진 것이다. 여러분이 만약 아브라함에게 주신 약속들 가운데 영적인 약속이 무조건적인 특징을 갖는다고 말한다면, 동일한 유추에 의해 현세적인 것들도 무조건적이라고 보아야 한다. 마찬가지로, 하나님께서 아브라함에게 "내가 이 땅을 너에게 주겠다"라고 하신 약속이 확실한 것인 만큼 우리 이방인들에게 베푸시는 은혜 또한 확실하다.

여기서 우리가 야곱의 씨름을 자세히 언급할 필요까지는 없겠지만, 이 사건은 그가 놀라운 믿음을 발휘했다는 것을 보여주는 증거로 인식되고 있다. 물론 이것은 사실이다. 하지만 동시에 이 믿음은 그가 행한 많은 행동이 비난을 당하고 그가 굴욕적인 상황에 처하면서 나타난 믿음이다. 그와 씨름을 한 것은 바로 하나님이었다. 그리고 하나님께서 또한 그의 믿음을 떠받쳐 주셨다. 마지막 때에 이스라엘도 이렇게 될 것이다. 결국에 그들은 자신들이 육신을 의지했을 때의 결과를 느끼게 될 것이다. 마침내 하나님께서는 이스라엘과의 논쟁을 자신의 손으로 처리하시고 결국에 그들에게 복을 주실 것이다.

이렇게 해서 하나님은 약속들의 후사(상속자)요 이 땅에서 나그네로 살았던 "아브라함과 이삭과 야곱의 하나님"이 되신 것이다.

우리는 하나님께서 자신의 이러한 이름을 이 땅에서 자랑스럽게 생각하셨으며, 이스라엘 가운데 신실한 자들도 이 이름 안에서 자신들의 확신의 토대를 발견했다는 사실을 볼 수 있다. "하나님이 또 모세에게 이르시되 너는 이스라엘 자손에게 이같이 이르기를 나를 너희에게 보내신 이는 너희 조상의 하나님 곧 아브라함의 하나님, 이삭의 하나님, 야곱의 하나님 여호와라 하라 이는 나의 영원한 이름이요 대대로 기억할 나의 표호니라"(출 3:15)

하지만 이스라엘은 하나님의 뜻에 반하는 방법으로 하나님과의 관계를 맺으려 했다. 즉, 그들은 자신들이 하나님께 순종해야 한다는 것을 인정하기는 했지만, 그것을 이루기 위해 자신의 의를 내세우며 율법의 원리를 바탕으로 자신의 힘을 의지하였던 것이다. 이같은 이스라엘 백성의 역사는 전체적으로 보나 세부적으로 보나 사실상 바로 지금 우리들의 마음이 어떠한가를 보여주고 있다.

출애굽기 19장에는 이스라엘의 상태에 있어 큰 변화가 일어나는 사건이 기록되어 있다. 그전까지 그들에게 주어졌던 약속은 무조건적이었다. 여러분이 출애굽기 15장부터 19장까지를 살펴보면 하나님께서는 그들의 불평에도 불구하고 그들에게 모든 것을 값 없이 주셨다는 것을 볼 수 있다. 예를 들어, 하늘에서 내린 만나와 반석에서 흘러나온 마실 물이 그러하다. 그리고 하나님께서는 그들이 르비딤에서 아말렉과 전쟁을 할 때도 그들을 지켜주셨다. 출애굽기 19장에서 하나님께서는 이러한 것들을 상기시키면서 "내가 어떻게 독수리 날개로 너희를 업어 내게로 인도하였음을 너희가 보았느니라 그러므로 이제 너희가 ~하면"이라고 말씀하셨다. 여기서 "~하면"이라는 작은 단어가 나타난 것은 하나님과 이스라엘의 관계 가운데 처음 발생한 일이다. "세계가 다 내게 속하였나니 그러므로 너희가 내 말을 잘 듣고 내 언약을 지키면 너희는 열국 중에서 내 소유가 되겠고 너희가 내게 대하여 제사장 나라가 되며 거룩한 백성이 되리라"

하지만 이처럼 조건이 개입되는 순간 우리의 실패는 분

명해진다. 왜냐하면 우리는 첫 날부터 실패할 수 밖에 없기 때문이다. 이스라엘 백성의 어리석음이 이 사실을 확실히 보여준다. 하나님께서는 이스라엘 백성들에게 "거룩하고 의로우며 선한" 율법을 주셨지만 그들은 실패하고 말았다. 사람은 죄인이기 때문에 율법은 그에게 사망이 되고 만다. 하나님께서 우리에게 율법을 조건적으로(즉, 율법을 지키면 무엇을 주겠다는 조건적인 관계로) 주셨던 순간부터, 하나님은 우리가 그것을 순종할 수 있기 때문에 주신 것이 아니라 우리가 율법을 어김으로써 우리가 죄인이라는 사실을 보다 분명하게 깨닫도록 하기 위해 주신 것이다.

  이스라엘 백성들은 "참으로 은혜로운 하나님, 우리는 마땅히 당신께 순종해야 합니다. 그런데 우리는 너무도 자주 실패했기 때문에 그러한 조건이 붙은 약속들을 감히 받기도 어렵습니다."라고 말했어야 했다. 하지만 그들이 실제로 한 말은 무엇이었는가? 그들은 "여호와의 명하신 대로 우리가 다 준행하리이다"라고 말했다. 그들은 여호와께서 말씀하신 모든 것을 다 지키겠다고 자신의 말로 스스로를 옭아맸다. 그들은 완전한 순종을 조건으로 해서 그 약속을 받은 것이다. 이러한 경솔한 행동의 결과는 무엇이었는가?

그들은 모세가 율법을 받으러 시내 산에 올라갔다가 내려오기도 전에 벌써 금송아지를 만들어 섬겼다. 우리 같은 죄인들이 어떤 실패도 없이 하나님께 순종하겠으며 그렇지 못할 경우에는 축복을 포기하겠다고 약속을 하게 되면 우리는 반드시 실패하고 만다(물론 순종은 우리의 당연한 의무이다). 우리의 대답은 항상 "우리는 잃어버린 죄인들입니다."가 되어야 한다. 하나님의 은혜는 우리의 죄인됨을 전제로 주어지기 때문이다.

사도 바울이 "중보는 한 편만 위하는 자가 아니니"라고 말했을 때(갈 3:17-21) 그가 보여주고자 했던 것은 이와 같이 사람이 조건 아래에서 얼마나 불완전한가하는 것이었다. 중보자가 있다는 것은 양쪽 편이 있다는 것이다. 그런데 하나님은 둘이 아니다. "하나님은 하나이시니라" 그렇다면 다른 한 편은 누구인가? 그것은 바로 사람이다. 그러므로 조건적 약속의 성취는 하나님과 사람 모두의 신실함에 달려 있는 것이다. 그렇지 않으면 모든 것이 수포로 돌아가고 만다.

그런데, 사람 안에는 확실한 것이 없다. 사람은 자신이 한 약속의 무게에 눌려 침몰하고 말았다. 사람에게는 이와 같은 일이 일어날 수밖에 없었다. 하지만 그렇다고 해서 하나님께서 아브라함에게 하신 약속들을 율법이 무효로 만들 수는 없다. 약속들이 주어지고 나서 430년 후에 주어진 율법이 그 전에 주어진 무조건적 약속을 파기할 수 없는 것이다. 아브라함에게 하신 약속은 "열방들이 복을 얻을 것"이라는 내용 외에도 "땅"에 관한 내용과 "이스라엘이 얻게 될 지상적 축복"에 관한 내용을 포함하고 있다.

 영적인 약속들에 대한 사도의 논증은 유대인들에게 주어진 현세적인 약속들에도 동일하게 적용된다[61]. 우리는 율법 아래에서 이스라엘이 그러한 약속들을 누릴 수 없었다는 것을 보게 된다. 이스라엘이 금 송아지 우상을 만들자마자 그들은 모든 것을 잃어버렸다. 시내산에서 맺어진 언약은 순종의 원리를 기반으로 하고 있었다. "언약서를 가져 백성에게 낭독하여 들리매 그들이 가로되 여호와의 모든 말씀을 우리가 준행하리이다 모세가 그 피를 취하여"(출 24:7) 이 말씀에는 피에 의해 언약이 비준되었다는 사실이 나타나 있다. 그리고 이것을 기초로 해서 이스라엘 백성들은 "여호와께서 말씀하신 것을 우리가 다 행하리이다"라고 말했다. 하지만, 이스라엘 백성들은 금 송아지를 만들었고,

그로 인해 모세가 율법의 돌판들을 깨뜨렸다.

 하지만, 출애굽기 32장에서 우리는 율법 이전에 맺어진 약속들이 믿음의 근원이 됨을 볼 수 있다. 이스라엘 백성들이 율법 아래서 실패하고 있을 때에도 모세의 중보를 통해 하나님께서 이스라엘 백성에게 은혜를 베푸셨던 것은 바로 이와 같이 율법 이전에 맺어진 약속들 때문이었다. 인간이 실패한 이후에도 하나님은 중보를 통해 은혜를 베푸셨다. 처음에 이스라엘 백성들이 우상을 만들었을 때 하나님께서는 모세에게 "내가 이 백성을 보니 목이 곧은 백성이로다 그런즉 나대로 하게 하라 내가 그들에게 진노하여 그들을 진멸하고 너로 큰 나라가 되게 하리라"고 말씀하셨다. 하지만 모세는 하나님께 간구했다. "주의 맹렬한 노를 그치시고 뜻을 돌이키사 주의 백성에게 이 화를 내리지 마옵소서 주의 종 아브라함과 이삭과 이스라엘을 기억하소서 주께서 주를 가리켜 그들에게 맹세하여 이르시기를 내가 너희 자손을 하늘의 별처럼 많게 하고 나의 허락한 이 온 땅을 너희의 자손에게 주어 영영한 기업이 되게 하리라 하셨나이다" 그러자 하나님께서는 "뜻을 돌이키사 말씀하신 화를 그 백성에게 내리지 아니하셨다." 이와 같이 이스라엘이 실패한 후에 모세는 하나님 자신의 영광을 위해 아브라함에게 하신 약속들을 기억해 달라고 하나님께 간구했고, 하나님께서는 내리려 했던 화를 돌이키셨다.

　이제 레위기 26장으로 가 보자. 이 장은 이스라엘이 순종하지 않을 때 받게 되는 여러 가지 징벌이 나타나 있다. 42절을 보자. "내가 야곱과 맺은 내 언약과 이삭과 맺은 내 언약을 생각하며 아브라함과 맺은 내 언약을 생각하고 그 땅을 권고하리라"[62] 하나님께서는 율법을 주시기 오래 전에 맺은 자신의 무조건적 약속들을 생각하겠다고 말씀하셨다. 앞으로 곧 살펴보겠지만 이것은 마지막 때에도 적용된다.

　이스라엘이 광야에 있는 동안에 하나님께서 그들과 맺으신 언약에는 두 가지가 더 있다. 두 가지 가운데 첫 번째는 율법 아래에서의 처음 언약이 깨뜨려지고 모세의 중보로 인해 다른 길이 열리게 되었을 때 맺어진 언약이다(출 33:14,19). 출애굽기 34장 27절에는 이에 대한 기초가 나타나 있다. "여호와께서 모세에게 이르시되 너는 이 말들을 기록하라 내가 이 말들의 뜻대로 너와 이스라엘과 언약을 세웠음이니라 하시니라" 여기서 "너와"라는 말에 주의하기 바란다. 하나님의 말에 중대한 변화가 생겼다. 이집트에 있을 때는 하나님께서 항상 "내 백성, 내 백성"이라고 말씀하셨다. 하지만 이스라엘이 금 송아지를 만들었을 때 하나님께서는 그들이 사용했던 말을 그대로 사용하셨다. "네가 애굽 땅에서 인도하여 낸 '네 백성'이 부패하였도다." 왜냐하면 이스라엘이 "우리를 애굽에서 인도하여 낸 이 사람 모세"(출 32:1)라고 말했기 때문이다. 하나님께서는 그들 자신이 했던 말을 그대로 사용하신 것이다. 하나님께서 우상을 만든 이스라엘 백성들에게 진노하려 하시자 모세는 하나님께 중보했다. 말하자면 모세는 하나님께서 "네 백성"이라고 말씀하시는 것을 막고자 했던 것이다. 모세는 계속해서 하나님께 이스라엘이 "당신의 백성"이라고 주장했다.

이것은 모세를 중보자로 해서 모세에게 주신 언약이다. 이 언약에는 (율법의 조건이 깨짐으로 인해) 모든 것이 잃어버린 바 되었을 때 도입되었던 주권적인 은혜가 나타나 있다.[63] 만약 하나님께서 은혜로운 절대주권을 갖고 계시지 않다면, 앞에서와 같이 이스라엘 백성들이 처음의 언약을 어긴 결과는 어찌 되었겠는가? 모든 백성은 멸망하고 말았을 것이다. 하나님의 절대주권은 영원한 것이지만, 하나님의 주권이 사람들에게 계시되는 것은 자신의 길을 간 결과로 잃어버린 바가 된 사람들이 하나님의 주권이야말로 자신들의 유일한 소망이라고 고백할 때이다. 그리고 이러한 절대주권은 중보자라는 수단을 통해 나타난다.

신명기 29장 1절에는 또 다른 언약이 나타나 있다. "호렙에서 이스라엘 자손과 세우신 언약 외에 여호와께서 모세에게 명하사 모압 땅에서 또 그들과 세우신 언약의 말씀이 이러하니라" 이스라엘과 맺은 이러한 세 번째 언약[31]의 주제는 다음과 같다. 즉, 이스라엘 백성이 그 언약 아래서 순종을 통해 그 땅을 향유할 수 있도록 하기 위해서 하나님께서 그들과 언약을 맺는다는 것이다. 하지만 그들은 이 언약을 지키지 않았고 결국 그 땅에서 쫓겨나고 말았다. 그들은 이러한 세 번째 언약을 기반으로 해서 그 땅에 심겨졌기 때문에, 그들이 그 언약을 준행했다면 거기서 계속 번영했을 것이다. 9,12,19절을 보라.

이렇게 해서 우리는 이스라엘 백성이 가나안 땅에 들어갔던 기반이 되는 원리를 보게 된다. 앞에서 우리는 율법이 주어지기 전에 하나님께서는 그들에게 조건 없이 주신 언약을 통해 가나안 땅이 그들의 영구적인 소유가 될 수 있도록 그 땅을 약속하셨다는 사실을 살펴보았다. 그래서 이스라엘이 모세의 중보를 통해 보존될 수 있었고 결국에 그 땅에 들어갈 수 있었던 것도 바로 이러한 약속들 때문이었다. 이스라엘이 가나안 땅에 들어간 것은 바로 모압 땅에서 말씀하신 세 번째 언약을 기초로 해서 이루어진 것이다.

그리고, 이스라엘 백성들이 약속의 땅에 들어가서 실패한 후에도, 하나님께서 전에 아브라함에게 주셨던 모든 약속들은 그들이 다시 세워지는 것과 관련해서 여전히 그들에게 적용될 수 있었다. 가나안 땅에 들어간 후에 그들은 하나님을 향해 가능한 모든 방법으로 실패했다. 하지만 선지자들은 하나님께서 그들을 회복시키실 것과 그 땅에서 그들을 다시 세우실 것이라고 약속하신 사실을 계속해서 상기시켰다. 이후에 이스라엘은 자신들의 왕인 주 예수 그리스도의 통치 아래에서 그들에게 약속된 모든 현세적 약속들의 성취를 이 땅에서 맛보게 될 것이다.

사랑하는 여러분들이여, 우리가 지금까지 살펴보았던 일들이 바로 여호와 하나님의 특성을 계시하고 있다는 사실을 기억하라. 우리는 이스라엘에게 일어난 이와 같은 일들을 통해 하나님의 특성이 어떠함을 볼 수 있다. 그러므로,

우리가 생각해야 하는 것은 단순히 이스라엘의 실패가 아니라 바로 우리 하나님의 선하심이다. 이스라엘은 하나님께서 자신의 특성을 보여주시는 무대라고 할 수 있다. 그러므로 우리는 이스라엘만을 생각할 것이 아니라, 하나님의 영광과 하나님의 완전한 명예가 나타나는 것을 볼 수 있어야 한다. 하나님께서 만약 이스라엘에 대한 자신의 은혜에 있어 실패할 수 있다면, 그분께서는 우리를 향한 은혜에 있어서도 실패하실 수 있을 것이다. 하지만, 이스라엘이든지 우리든지 간에 하나님의 은사와 부르심은 실패할 수 없다.

이스라엘 백성들에 대해 살펴볼 것이 더 많이 있다. 그 부분은 다음 기회에 살펴보겠다.

Chapter 9

에스겔 37장
이스라엘의 실패와 흩어짐, 회복에 대한 약속들

에스겔 37장에서 에스겔이 보았던 마른 뼈 환상은 오늘 우리가 살펴보고자 하는 문제를 아주 잘 보여준다. 즉, 에스겔의 환상 가운데서 마른 뼈에게 일어난 일들은 하나님께서 자신의 선하심 가운데서 이스라엘을 위해 무엇을 하실 것인지를 보여준다. 우리는 이 문제에 대해 그동안 해 오던 대로 하나님의 말씀에서 관련구절들을 찾아보도록 하겠다.

이 주제를 시작하면서 전에 살펴본 대로 하나님께서 아브라함과 맺으신 언약과 시내산에서 주신 율법의 언약이 서로 다르다는 사실을 기억하면 좋겠다. 하나님께서는 자신의 백성들에게 은혜를 보여주실 때마다 자신이 아브라함과 맺으셨던 무조건적 언약을 기억하셨다. 또한 우리는 이스라엘이 하나님과 아브라함이 맺은 언약이 아니라 자신들이 광야에 있을 때 하나님과 맺은 조건적 언약을 기반으로 해서 약속들을 누릴 수 있게 되었다는 사실을 살펴보았다. 그 때부터 이스라엘은 그 약속들을 누리기 위해서는 순종해야 한다는 조건에 들어가게 되었고, 결국 실패하고 말았다. 하지만 모세의 중보로 인해 하나님께서는 아브라함과의 무조건적 언약을 기억하시고 그 백성들을 축복하셨다.

이 시간에 우리는 그 후에도, 즉 심지어 하나님께서 그들을 가나안 땅으로 들어가게 하신 이후에도 이스라엘이 어떻게 다시 실패하게 되었는지 살펴볼 것이다. 하나님께서는 이스라엘을 다루시기 위해 선지자들을 세우셨고 그들을 통해 이스라엘이 실패로 인해 빠져 들었던 죄에 대해 지적하셨다. 또한 하나님께서는 신실한 자들에게는 이스라엘이 다시 회복될 것이라는 자신의 뜻을 보여주셨다. 하나님께서는 이스라엘에게 말씀하신 모든 것을 메시야를 통해 이루실 것이다. 이처럼 이스라엘이 실패했을 때 그들에게 주어졌던 회복에 관한 약속은 이스라엘의 신실한 남은 자들에게는 참으로 귀한 것으로 여겨졌다.

 이스라엘이 율법 아래에서 저질렀던 죄의 역사를 보면서 우리는 우리들의 마음 또한 마찬가지라는 사실을 생각하게 된다. 하나님의 시야로 본다면 우리는 하나님의 역사에 의해 하나님의 은혜가 우리같은 죄인에게 얼마나 놀랍게 나타났는가를 볼 수 있다. 은혜는 우리를 세워줄 뿐 아니라, 우리가 지은 죄로 인해 마땅히 받아야 하는 결과로부터 우리를 해방시켜 준다.

 이제 이스라엘이 가나안 땅에 들어간 때부터 그들 역사의 모든 통치형태 아래에서 계속 타락하고 황폐해졌던 사실을 살펴보자. 그들을 가나안 땅으로 인도한 것은 여호수아였다. 여호수아서는 가나안 사람들에 대한 이스라엘의 승리의 역사이다. 이것은 하나님께서 이스라엘 백성에게 약속하신 모든 것을 자신의 신실하심에 따라 이루신 것을 보여주는 역사이다. 이스라엘은 이러한 하나님의 신실하심으로 인해 가나안 땅을 차지하였다. 하지만 이스라엘은 가나안에서 실패하고 말았다. 가나안 땅에서 이루어진 이스라엘의 역사 가운데 사사들과 사무엘이 활동하던 때는 다윗 왕이 활동하기 전에 이스라엘이 실패했던 시기이다. 그리고 동시에 하나님의 오래 참으심이 나타났던 시기이기도 하다. 자 그럼, 여호수아가 이스라엘 백성들의 상태와 특징을 어떻게 묘사했는지 살펴보기로 하자.

여호수아 24장에서 여호수아는 하나님께서 이스라엘을 위해 행하신 모든 일들과 그분의 모든 자비와 인자하심을 상기시켰다. 이에 대해 이스라엘 백성들은 16절에서 "우리가 여호와를 버리는 일을 결단코 하지 않으리니"라고 대답했다. 하지만 19절에서 여호수아는 그들에게 "너희가 여호와를 능히 섬기지 못할 것은"이라고 말했고, 이에 대해 백성들은 "우리가 정녕 여호와를 섬기겠나이다", "우리 하나님 여호와를 우리가 섬기고 그 목소리를 우리가 청종하리이다"라고 대답했다.

이스라엘 백성들을 애굽에서 구원하신 주님은 그들을 가나안 땅으로 인도하셨다. 그들은 은혜의 열매들을 누렸고, 그들은 여호와께 순종하기로 새롭게 결심했다. 하지만 사사기 2장을 보면 우리는 그들이 완전히 실패했다는 사실을 볼 수 있다. 그래서 하나님께서는 "내가 그들을 너희 앞에서 쫓아내지 아니하리니 그들이 너희 옆구리에 가시가 될 것이며"라고 말씀하셨다. "이스라엘 자손이 여호와의 목전에 악을 행하여 바알들을 섬기며…여호와께서 이스라엘에게 진노하사" 우리는 이스라엘의 역사 가운데서 하나님 편에서의 인자하심과 사람 편에서의 배은망덕이라는 똑같은 양상이 계속해서 반복되는 것을 볼 수 있다.

지금부터는 이스라엘이 모든 통치형태 아래에서 범죄했던 사실을 보여주는 구체적인 구절들을 살펴보기로 하겠다. 먼저 사무엘상 4장 11절이다. "하나님의 궤는 빼앗겼고 엘리의 두 아들 홉니와 비느하스는 죽임을 당하였더라" 이 당시 엘리는 대제사장이자 사사, 그리고 이스라엘의 수장이었다. 하지만 이스라엘의 영광은 땅에 떨어졌다. 18절과 21절을 보면, 엘리 자신이 죽는 것을 볼 수 있고 엘리의 며느리는 "(여호와의 법궤를 빼앗겼기 때문에, 그리고 시아버지와 남편의 잘못으로 인해) 영광이 이스라엘에서 떠났다"라고 말하면서 태어난 아이의 이름을 이가봇이라고 지었다.

이 일 후에 하나님께서는 사무엘을 세우셔서 이스라엘을 다스리게 하셨다. 그는 첫 번째 선지자이기도 했다(행 3:24, 13:20). 하지만 이스라엘은 이내 그를 거절했다. "여호와께서 사무엘에게 이르시되 백성이 네게 한 말을 다 들으라 그들이 너를 버림이 아니요 나를 버려 자기들의 왕이 되지 못하게 함이니라 내가 그들을 애굽에서 인도하여 낸 날부터 오늘날까지 그들이 모든 행사로 나를 버리고 다른 신들을 섬김 같이 네게도 그리하는도다"(삼상 8:7-8) 하나님께서 "진노 가운데 그들에게 왕을 주신" 것은 바로 이 때였다. 우리는 그들이 선택한 왕에게 무슨 일이 일어났는지 알고 있다(삼상 15:26). 바로 그에게 하나님의 심판이 선포되었다. 사무엘은 사울에게 다음과 같이 말했다. "나는 왕과 함께 돌아가지 아니하리니 이는 왕이 여호와의 말씀을 버렸으므로 여호와께서 왕을 버려 이스라엘 왕이 되지 못하게 하셨음이니이다" 이러한 몇 가지 구절들만 보더라도 충분하다. 그들은 자신들이 선택한 왕 아래에서도 실패했던 것이다. (이스라엘은 왕 아래에서도, 선지자 아래에서도, 제사장 아래에서도 실패했다.)

하나님께서는 사울 대신에 다윗을 왕으로 세우셨다. 하나님께서는 은혜 가운데서 이러한 선택을 하셨다. 그리스도의 모형이자 육신을 따라 그리스도의 조상이었던 다윗은 이스라엘을 향한 하나님의 선물이었다. 그래서 다윗과 솔로몬 아래에서 이스라엘이 번영하고 영광스럽게 된 것은 오직 하나님의 인자하심 때문이었다. 하지만 이스라엘 백성들은 이러한 두 왕 아래에서도 다시 하나님께 불순종했다. "솔로몬이 마음을 돌이켜 이스라엘 하나님 여호와를 떠나므로 여호와께서 저에게 진노하시니라"[65](왕상 11:9)

사람의 마음이 어떤 상황에서든지 이토록 계속해서 하나님을 싫어했던 모습을 살펴보는 것은 그다지 유쾌한 일이 아니다. 하지만 바로 이와 같은 사실은 이스라엘 자손들의 역사로부터 우리가 발견해야 하는 중요한 교훈이 된다. 이스라엘은 이러한 불순종으로 인해 두 나라로 갈라지고 말았고, 북방 이스라엘을 이루게 된 열 지파들은 처음부터 전부 다 하나님께 신실하지 못한 모습을 나타내었다. 게다가 아하스 때에는 이스라엘의 마지막 버팀목과 같았던 다윗 가문조차 우상숭배자가 되고 말았다(왕하 16:10,14). (이스라엘이 실패한 후에는 하나님의 약속만 남게 되었다.) 그리고, 므낫세가 저지른 가증한 범죄[66]는 그들이 행했던 모든 죄악에 결정타를 날린 꼴이 되었다(왕하 21:1,14).

북방 이스라엘이든 남방 유다이든 이스라엘 자손들은 모두 다 이처럼 하나님께 신실하지 못했다. 이로 인해 북방 이스라엘은 앗수르에 멸망당했고, 남방 유다는 바벨론에 멸망당해 포로로 끌려가고 말았다. 성령께서는 이스라엘 자손의 역사와 그들에 대한 하나님의 오래참으심을 다음과 같은 인상적인 말로 요약하고 있다(대하 36:15-16). "그 열조의 하나님 여호와께서 그 백성과 그 거하시는 곳을 아끼사 부지런히 그 사자들을 그 백성에게 보내어 이르셨으나 그 백성이 하나님의 사자를 비웃고 말씀을 멸시하며 그 선지자를 욕하여 여호와의 진노로 그 백성에게 미쳐서 만회할 수 없게 하였으므로" 이와 같은 비참한 모습이야말로 여호수아가 그들을 가나안 땅으로 인도하여 들인 후에 그들이 가나안 땅에서 나타내 보였던 결론적인 모습이다. 그리하여 마침내 하나님께서는 이러한 이스라엘 자손을 향하여 로암미(내 백성이 아니다)라는 이름을 붙이셨던 것이다.

지금부터는 이스라엘 자손이 바벨론에 포로로 잡혀갈 때까지 이스라엘의 실패의 역사를 빠르게 살펴보면서, 불법이 난무한 동안에도 그리고 그들이 포로로 잡혀가 있는 동안에도 그들 가운데 존재하던 신실한 남은 자들이 붙들고 있던 약속들을 살펴보기로 하겠다.

먼저 우리가 주목해 보아야 하는 약속이 하나 있는데, 그것은 신실한 유대인들이 가지고 있던 기대의 기초가 되었던 약속이다. 이 약속은 사무엘하 7장과 역대상 17장에 나타나 있다. 그런데 이 두 부분은 다음과 같은 차이점이 있다. 즉, 역대상 17장에 나타난 약속은 곧바로 그리스도에게 적용되는 반면에, 사무엘하 7장에 언급된 동일한 약속은 그러한 특성이 분명하게 나타나 있지 않다는 차이점이 있다. 이러한 차이는 이 약속이 기록된 두 책이 갖는 특성 때문이다. 즉, 사무엘하는 역사를 기록하고 있는 책이고, 역대상은 아담부터 시작해서 그리스도에 이르기까지 이스라엘이 갖고 있는 소망을 연대적으로 연결시키고 있는 개괄서라는 차이점이 있다. 그래서 역대상에는 이스라엘이 범한 모든 범죄와 실패가 생략되어 있다. 사무엘하 7장 14절과 역대상 17장 13절을 비교해 보라. 우리가 주목할 약속은 다음의 구절에 나타나 있다. "내가 또 내 백성 이스라엘을 위하여 한 곳을 정하여 저희를 심고 저희로 자기 곳에 거하여 다시 옮기지 않게 하며 악한 유로 전과 같이 저희를 해하지 못하게 하여"(삼하 7:10) "네 수한이 차서 네가 열조에게로 돌아가면 내가 네 뒤에 네 씨 곧 네 아들 중 하나를 세우고 그 나라를 견고하게 하리니 저는 나를 위하여 집을 건축할 것이요 나는 그 위를 영원히 견고하게 하리라 나는 그 아비가 되고 그는 나의 아들이 되리니 나의 자비를 그에게서 빼앗지 아니하기를 내가 네 전에 있던 자에게서 빼앗음과 같이 하지 않을 것이며"(대상 17:11-13) 히브리서 1장 5절에서는 이 구절들을 그리스도에게 적용시키고 있다. 즉, 아브라함과 그 씨에게 주신 모든 약속들 즉 이스라엘에게 주신 모든 약속들은 다윗의 아들 안에서 안전하게 보존되고 함께 모아지게 된다.

우리는 방금 다윗에게 주어진 약속을 살펴보았는데, 이 약속은 다윗과 관련된 모든 사람들이 가진 기대의 기초가 되었다. 우리는 앞에서 이스라엘 백성들의 실패와 다윗의 아들이신 메시야에게 주어진 약속을 살펴보았다. 이제부터는 선지자들의 직접적인 증거를 살펴보자.

먼저 이사야 1장 25-28절은 유대인들의 완전한 회복을 말하면서도, 악한 자들은 심판에 의해 잘려 나갈 것이라고 말하고 있다. 다음으로 이사야 4장 2-4절을 보자. "그 날에 여호와의 싹이 아름답고 영화로울 것이요 그 땅의 소산은 이스라엘의 피난한 자를 위하여 영화롭고 아름다울 것이며 시온에 남아 있는 자, 예루살렘에 머물러 있는 자 곧 예루살렘에 있어 생존한 자 중 녹명된 모든 사람은 거룩하다 칭

함을 얻으리니 이는 주께서 그 심판하는 영과 소멸하는 영으로 시온의 딸들의 더러움을 씻으시며 예루살렘의 피를 그 중에서 청결케 하실 때가 됨이라" 그리고, 이사야 6장에서 우리는 이사야가 예언자의 심령으로 완전히 들어가는 것을 볼 수 있다. 아하스가 왕위에 있을 때 하나님께서는 이사야를 보내서서 다윗의 후손이면서 하나님을 향해 배교를 행한 아하스를 만나도록 하셨다. 아하스는 다메섹에서 예루살렘까지 이방 사람의 제단을 세우도록 한 인물이다(왕하 16:1-19).

여기서 우리가 주목해야 하는 우선적인 사실은 그때 그리스도의 영광이 충만히 나타났다는 것이다. 이사야는 천사들이 서로 창화하여 "거룩하다 거룩하다 거룩하다"라고 세 번에 걸쳐 주를 찬미하는 것을 보았다. (요한은 요한복음 12장에서 이에 대한 해석을 보여준다.) 이러한 주님의 영광으로 인해 전체 이스라엘은 정죄를 받았다. 하지만 이러한 주님의 영광은 또한 중보의 심령을 만들어내기도 했다. 이스라엘을 다시 세우는 열쇠는 오직 하나님의 자비에 있었다. 하지만 이러한 자비는 이스라엘 백성의 마음이 최고로 완고해져서 예수 그리스도를 거절하고 성령을 통한 사도들의 증거를 거절하는 상태가 계속되다가 나중에 결국 악한 자들이 이스라엘 가운데서 제거된 후에야 완전하게 나타날 것이다. 이사야 6장 9-13절을 읽어보라.

다음에는 이사야 11장 10절을 보자. "그 날에 이새의 뿌리에서 한 싹이 나서 만민의 기호로 설 것이요 열방이 그에게로 돌아오리니" 여기서 우리는 여호와를 아는 지식이 온 땅에 충만하게 되는 일이 언제 어떻게 일어날 것인지를 알 수 있다. 그것은 하나님께서 "그의 입술의 기운으로" 악한 자들을 소멸시키신 이후이다. 그리고 나서 "그 날에 주께서 다시 손을 펴사 그 남은 백성을 돌아오게 하실 것이다." 이사야 11장 9-12절을 읽어보라.

다음으로 이사야 33장 20,24절과 이사야 49장을 보자. 이 구절들에서 시온은 교회를 의미한다는 견해를 나타내는 사람들이 있다. 하지만 이 구절들을 보면 모든 기쁨이 찾아올 때 시온은 "여호와께서 나를 버리시며 주께서 나를 잊으셨다"(사 49:14)라고 말했다. 만약 시온이 교회라면 이것은 불가능한 일이다. 만약 시온이 교회라면 어떻게 기쁨 가운데 있는 교회가 하나님께서 자신을 버리셨다고 말할 수 있겠는가?[67] 이사야 49장 14-23절과 이사야 62장을 읽어보라.

이 부분도 마찬가지로 이스라엘에게 적용된다. 또한 이사야 65장 10-25절도 읽어보라. 이 구절은 의심할 여지 없이 이 땅에서의 축복에 대해 언급하고 있다. 이 땅에서 펼쳐지게 될 이러한 놀라운 축복들은 전에는 경험된 적이 없는 것들이다. 그 날에 하나님께서는 예루살렘으로 인하여 기뻐하실 것이다.

이러한 약속들에는 유대 백성들과 예루살렘이 앞으로 누리게 될 영광을 담고 있다. 그런데 이러한 점 말고도 더 분명한 것이 있다. 예레미야 3장 16-18절을 보라. "너희가 이 땅에서 번성하여 많아질 때가 올 것이다" 이와 관련하여, 일부의 유대 백성들이 바벨론 포로에서 돌아온 사건을 포함해서 이스라엘의 회복과 관련된 예언들이 성취된 것처럼 보이는 전조(前兆)적인 사건들이 발생했다. 하지만 하나님께서는 이 점에 대해 분명히 말씀하셨다. 하나님께서는 "모든 열방들이 거기로 모여들 것이다"라는 말씀과 같이 아직 성취되지 않은 상황들을 여기에 함께 연결시켜서 말씀하셨다. 유다의 일부 포로들이 바벨론에서 돌아왔을 때 이 말씀에서처럼 모든 열방들이 예루살렘으로 모이지 않았다는 것은 분명하다. 하지만 여러분 가운데 이러한 예언들이 교회에게 해당한다고 말하는 분들이 있을 것이다. 결코 그렇지 않다. 왜냐하면 "그 때에 유다 족속이 이스라엘 족속과 동행하여 북에서부터 나와서 내가 너희 열조에게 기업으로 준 땅에 함께 이르리라"(렘 3:18)고 말씀하고 있기 때문이다. 우리는 예레미야 3장에서 세 가지 사실이 함께 발생할 것이라고 말씀하고 있음을 본다. 이 세 가지 사실은 예루살렘이 여호와의 보좌가 될 것이라는 사실, 유다와 이스라엘이 결합될 것이라는 사실, 열방들이 하나님의 보좌 앞으로 모일 것이라는 사실이다. 이러한 사실들은 아직까지 동시에 발생한 적이 없다. 교회가 처음 형성되었을 때 이스라엘은 온 세계에 흩어져 있었다. 그리고 이스라엘 백성들 가운데 일부가 바벨론에서 돌아왔을 때는 교회는 없었고 열방들이 예루살렘으로 모이는 일도 일어나지 않았다.

다음으로 예레미야 30장 7-11절을 보자. "이는 야곱의 환난의 때가 됨이로다마는 그가 이에서 구하여냄을 얻으리로다…이방인이 다시는 너를 부리지 못할 것이며 너희는 너희 하나님 나 여호와를 섬기며 내가 너희를 위하여 일으킬 너희 왕 다윗을 섬기리라…야곱이 돌아와서 태평과 안락을 얻을 것이라 너를 두렵게 할 자 없으리라" 이스라엘이 누리게 될 이러한 복된 때는 아직 실현되지 않았다.

그 다음으로는 예레미야 31장 23,27,28,31절과 마지막 절까지를 보자. 특히, 28절을 주목해 보라. 하나님께서 깨어 부수고 무너뜨리시고 멸망시킨 것이 무엇인가? 그것은 바로 이스라엘이다. 하나님께서는 이 동일한 이스라엘을 다시 세우시고 심으실 것이라고 말씀하셨다. 우리가 만약 여기서 심판은 모두 다 이스라엘에 적용시키고, 축복은 모두 다 교회에 적용시킨다면 그것은 매우 불합리한 일이다. 그리고, 만약 이 말씀들이 교회를 언급한 것이라면 "하나넬 망대에서부터 모퉁이 문까지"(38절)라는 표현이나 "가렙산"(39절)은 도대체 무엇을 의미하는 것인가? 이 장의 마지막 구절도 잘 살펴보기 바란다. "시체와 잿더미로 가득 찬 골짜기 전역과, 기드론 시냇가에서 동쪽의 밭들의 모퉁이에 이르는 모든 평지가 나 주의 거룩한 땅이 되고, 절대로 다시는 뽑히거나 허물어지는 일이 없을 것이다" 이 말씀이 만약 교회를 언급한 것이라면, 구체적 지명이 언급된 이 구절은 도대체 어떤 의미를 갖는단 말인가?

다음에는 예레미야 32장 37-42절을 보라. 이 구절은 자신의 백성들을 향한 하나님의 생각을 알 수 있는 감동적인 구절이다. 하나님께서는 은혜 안에서 그들에게 축복의 약속들을 주신 후에 자신이 친히 그들의 하나님이 될 것이라고 분명하게 말씀하셨다. 하나님께서는 "내가 기쁨으로 그들에게 복을 주되 정녕히 나의 마음과 정신을 다하여 그들을 이 땅에 심으리라 나 여호와가 이같이 말하노라 내가 이 백성에게 이 큰 재앙을 내린 것 같이 허락한 모든 복을 그들에게 내리리라"고 말씀하셨다.

그 다음에는 예레미야 33장 6-11,15,25,26절을 보라. 이 부분에는 이스라엘과 예루살렘의 복이 언급되어 있다. 이러한 복은 다윗에게까지 자라나서 그 땅에서 심판과 공의를 집행하게 될 "싹(the Branch)"이 되시는 그리스도에 의해 주어질 것이다. 사랑하는 여러분들이여, 하나님의 말씀에서는 성령이 다윗의 싹이라고 언급된 적이 없으며 성령의 직무가 이 땅에 심판을 집행하는 것이라고 언급된 적도 없다는 사실을 기억하기 바란다. 그리고, 여러분이 만약 이 부분을 이스라엘 자손들 가운데 일부가 바벨론 포로에서 돌아온 사건에 적용하고자 계속해서 주장한다면 느헤미야 9장 36-37절을 읽어보기 바란다. "우리가 오늘날 종이 되었삽는데…우리의 곤란이 심하오니" 이 말씀을 보면 유다의 일부 백성들이 바벨론에서 돌아온 사건이 우리가 지금까지 살펴보았던 이스라엘의 완전한 회복에 관한 약속들이 성취된 것이 아니라는 사실을 확인할 수 있다.

앞에서 우리는 성령께서 이스라엘의 회복에 관한 약속들을 어떻게 묘사하고 있는지 살펴보았다. 그렇다면 혹시, 남방 유다의 후손 가운데 일부가 예루살렘에 돌아왔던 그때의 사건이 하나님께서 자신의 온 마음과 정신을 다하여 이루시겠다고 하신 이스라엘의 회복에 관한 약속이 성취된 사건이라고 할 수 있는가? 그럴 수 없다. 하나님의 약속들은 그 당시에 아직 성취되지 않았다. 에스겔 11장 16-20절을 보라. 이 날까지 이스라엘은 이 구절의 처음 부분이 말하고 있는 심판 아래 있을 것이다. "더러운 귀신이 사람에게서 나갔을 때에 물 없는 곳으로 다니며 쉬기를 구하되 얻지 못하고"(마 12:43) 이 말씀은 그들이 심판을 받아야 하는 마지막 상태의 모습을 우리에게 보여준다. 그 때에 하나님께서는 미래의 이스라엘을 이루는 핵심이라고 할 수 있는 남은 자들에게 새로운 마음을 주실 것이다(렘 11:19).

그리고 에스겔 34장 22절부터 마지막 절까지에는 다윗이 그들 가운데 왕이 될 것이며, 그들이 받게 될 복은 확실하다는 사실이 나타나 있다.

다음으로 에스겔 36장 22-32절을 보라. 여러분이 만약 이 부분의 말씀은 우리가 참여하고 있는 영적인 복을 말한 것이 아니냐고 묻는다면, 나는 "맞습니다. 우리는 좋은 감람나무의 복에 참여하고 있습니다. 하지만 우리가 기쁨을 누리고 있다고 해서 그 나무의 자연적인 싹인 유대인들의 권리를 없애는 것은 아닙니다."라고 대답할 것이다. 우리가 어떻게 해서 감람나무의 복에 참여하게 되었는가? 그것은 우리가 그리스도에게로 접붙임을 받았기 때문이다. 우리가 만약 그리스도의 것이라면 우리는 아브라함의 자녀이며 영적인 모든 것에 참여하게 될 것이다. 하지만 다음의 말씀을 보라. "내가 너희 열조에게 준 땅에 너희가 거하여 내 백성이 되고 나는 너희 하나님이 되리라"(겔 36:28) 이 말씀에는 "너희 열조(들)"[08]이라고 되어 있는 반면에, 교회는 오직 한 아버지만을 가지고 있다. 그 아버지는 바로 우리 주 예수 그리스도의 아버지이시기도 하다.

여기서 주님께서 니고데모와 나눈 대화를 잠깐 살펴보자. 특히, 요한복음 3장 12절에는 "땅의 일"에 대해 언급되어 있다. 이 구절 앞에서 주님께서는 "너는 이스라엘의 선생으로서 이러한 일들을 알지 못하느냐"고 말씀하셨다. 즉, 주님께서는 니고데모에게 하나님의 왕국에 들어가기 위해서는 물과 성령으로 거듭나야 한다는 사실을 알지 못하느냐고 물으신 것이다. 이러한 지식은 이스라엘의 선생이 잘 알고 있어야 하는 구약의 말씀에 분명히 나타나 있다. 예를 들어, 우리가 방금 인용했던 에스겔의 말씀은 우리 주님께서 사용하신 말씀과 거의 같은 의미를 담고 있다. 니고데모는 "어떻게 이러한 일이 있을 수 있습니까?"라고 물었지만 주님께서는 "네가 이스라엘의 선생이라면 당연히 알아야 하는 것이 아니냐?"고 반문하셨다. 즉, 주님께서는 "네가 이스라엘의 선생이라면 너는 마땅히 구약의 말씀을 잘 알아야 하고, 구약에는 이스라엘이 그 약속을 누리기 위해서는 새롭고 깨끗한 마음을 가져야 한다는 사실을 분명히 말씀하고 있다."고 말씀하신 것이다.

주님께서는 그 다음에 니고데모에게 "네가 구약을 잘 아는 이스라엘의 선생이라면서 어떻게 이러한 것들을 모를 수가 있느냐? 네가 만약 너희가 물과 성령으로 나야 한다고 말한 나의 말을 알아듣지 못한다면, 다시 말해 이스라엘과 관련하여 말씀하고 있는 땅에 속한 이러한 것들을 깨닫지 못한다면, 어떻게 네가 하늘에 속한 것들을 깨달을 것이라고 기대할 수 있겠느냐?"고 말씀하셨다. 이 말씀은 사실상 "지금 내가 너에게 이 땅의 이스라엘에게 해당되는 사실을 말했는데, 즉 이 땅의 이스라엘이 자신에게 주어질 것이라고 약속된 왕국에 들어가려면 거듭나야 한다고 말했는데 네가 이 말을 알아듣지 못한다면, 내가 만약 너에게 하늘에 속한 것에 대해 말한다면, 예를 들어 하늘에 오르게 되실 그리스도의 영광과 그의 신부인 교회가 누리게 될 천상적인 영광에 대해 말한다면 이 땅의 이스라엘에 대한 것도 깨닫지 못하는 네가 어떻게 하늘에 속한 것들을 알아들을 수 있겠느냐? 너는 너희 선지자들의 예언도 깨닫지 못하는구나. 네가 이스라엘의 선생이라면 적어도 에스겔과 같은 선지자들이 말한 땅의 일에 대해서는 알고 있어야 하지 않겠느냐?"라고 말씀하신 것과 같다.

에스겔 36장에는 다른 부분에서와 마찬가지로 "나무의 실과와 밭의 소산을 풍성케 하여"와 같은 표현들을 찾아볼 수 있다. 이러한 표현은 이 땅에서 이스라엘에게 약속된 축복을 말씀하고 있는, 땅의 일에 대한 구체적인 말씀이다.

이와 동시에 이 부분에는 그들이 이러한 약속들을 잘 누릴 수 있도록 하기 위해 그들에게 새로운 마음이 주어질 것이라는 사실이 함께 언급되어 있다. 이스라엘이 가나안의 약속들을 받기 위해서는 그 마음이 새롭게 되어야 한다. 하나님께서는 그들에게 새로운 마음을 주심으로써 그들이 하나님의 법 안에서 행하도록 해야 한다. 그렇게 될 때에만 그들은 자신들에게 약속된 복을 누리게 될 것이다.

그리고 에스겔 37장은 이스라엘이 다시 세워지는 것과 관련된 세부적인 내용을 담고 있다. 이것과 관련해서 이 장에서는 남방 유다와 북방 이스라엘이 다시 결합되며, 그들이 자신들의 땅으로 돌아올 것이고, 약속의 땅에서 하나님께 충성하게 될 것이 나타나 있다. 하나님께서 그들의 하나님이 되실 것이며, 다윗이 그들의 왕으로 영원토록 다스리게 될 것이다. 그리하여 열방들은 하나님께서 그들의 참된 주인이시라는 사실을 알게 될 것이며, 하나님의 성소는 그들 가운데 영원히 있게 될 것이다.

다음으로는 에스겔 39장 22-25절을 보자. 이 말씀을 보면 여기서 언급된 때가 아직 오지 않았다는 것을 알 수 있다. 왜냐하면 그 때가 오게 되면 하나님께서는 "그 얼굴을 저희에게서 숨기지 않으실 것이기" 때문이다. 하나님께서는 지금은 자신의 얼굴을 이스라엘에게서 숨기고 계시지만, 나중에는 그들을 모아 "그들의 땅으로" 인도하실 것이며 그들 가운데 어느 누구도 이방인들 가운데 남겨두지 않으실 것이다.

지금부터 앞에서 살펴본 예언들의 기초를 이루고 있는 위대한 원리들을 정리해 보자. 유대인의 회복은 하나님께서 아브라함에게 주신 무조건적인 약속들에 기초를 두고 있다. 그들이 실패한 것은 그들 자신의 힘으로 행하려고 했기 때문이다. "더 이상 해결책이 없을 때까지" 모든 가능한 방법으로 하나님의 인내심을 시험한 후에 심판이 그들에게 임하게 되었다. 하지만 하나님께서는 자신이 아브라함에게 주신 무조건적인 약속을 기억하시는 분이다.

이 사실을 우리 자신에게 적용시켜 보자. 우리에 대해서도 동일한 이야기를 할 수 있다. 우리 또한 실패의 역사를 가지고 있다. 하나님께서 우리를 어떤 상황에 두실 때마다 우리는 이내 실패하고 말았다. 하지만 우리의 실패 뒤에는 하나님의 뜻이 나타난 무조건적인 약속이 자리잡고 있다. 우리는 이러한 약속들이 그리스도의 중재를 통해서 이뤄진다는 사실을 모세를 통해서 모형으로서 볼 수 있다. 또한 우리는 말할 수 없는 인내심을 가지신 하나님께서 사람을 원래의 합당한 자리로 회복시키기 위한 모든 가능한 수단을 다 사용하신 후에야 비로소 그들에게 심판을 집행하신다는 사실을 살펴보았다. 사람에게 생명의 불꽃이 조금이라도 남아 있다면 하나님께서 생각하신 합당한 위치로 회복되는 것이 가능할 지도 모르겠지만 사람에게는 그러한 불꽃은 조금도 없었다. 하지만 남은 자들은 그 약속들을 굳게 붙들었다. 그 약속들은 그것을 실현시키실 수 있는 분이 나타날 때 성취될 것이다.

이스라엘의 역사만큼 이러한 원리들을 잘 보여주는 것은 없다. "저희에게 당한 이런 일이 거울이 되고 또한 말세를 만난 우리의 경계로 기록하였느니라"(고전 10:11) 이스라엘의 역사는 한편으로는 항상 실패해 온 인간의 마음이 어떠한지를 잘 보여주는 거울이 될 뿐 아니라, 또 다른 한 편으로는 그럼에도 불구하고 하나님은 결코 실패하지 않고 약속을 이루시는 신실한 분이심을 보여준다. 하나님은 인간의 모든 악함과 사단의 능력을 뛰어넘는 힘을 나타내실 것이다. 하나님께서 "이 백성의 마음으로 둔하게 하며 그

귀가 막히고 눈이 감기게 하라"(사 6:10)고 심판의 말씀을 하신 것은 바로 대적들의 활동이 최고조에 이르렀을 때를 염두에 두신 것이다. 이사야 선지자에 의해 오래 전에 선포된 이러한 심판이 성취된 것은 그로부터 거의 800년이 지난 후였다(행 28:27). 이스라엘 백성들이 하나님께서 그동안 보여주셨던 모든 것들을 거절했을 때 하나님은 그들의 마음을 완고하게 만드셨다. 이를 통해 볼 때 하나님께서는 사람들에게 얼마나 많은 인내를 보여주셨는지 모른다!

다음에는 이방인들과 관련된 사항을 생각해 보자. 그리스도의 지상재림 때 있게 될 열방들에 대한 심판은 그리스도께서 승천하신 후 1,800년이 지나도록 아직까지 연기되어 있다[69]. 이것은 구원의 메시지를 듣고자 하는 사람들이 있는 한 하나님은 지금도 자신의 은혜의 모든 자원을 사용하고 계시기 때문이다. 하지만 이러한 하나님의 인내의 기한이 지나면 주님께서 "내가 와서 저희에게 말하지 아니하였더면 죄가 없었으려니와 지금은 그 죄를 핑계할 수 없느니라...내가 아무도 못한 일을 저희 중에서 하지 아니하였더면 저희가 죄 없었으려니와 지금은 저희가 나와 및 내 아버지를 보았고 또 미워하였도다"(요 15:22,24)라고 말씀하신 대로 될 것이다. 지금도 참고 기다리시는 하나님의 인내는 참으로 놀랍다! 우리의 반역과 죄악에도 불구하고 우리를 생각해 주시는 하나님의 은혜는 참으로 무한하다! 이러한 하나님께 모든 영광을 돌린다.

Chapter 10

이사야 1장
약속 성취의 방법

유대인들과 관련된 역사적 예언 연구를 끝내기 위해서는 몇 가지 성경말씀들을 더 살펴볼 필요가 있다. 여기서 역사적이라고 한 것은 예언은 하나님께서 우리에게 말씀하신 미래의 역사라고 할 수 있기 때문이다. 우리는 유대인의 역사를 통해서, 특히 여호와의 영광을 볼 수 있다. 여러분이 만약 유대인의 역사가 도대체 우리와 어떻게 관련이 되느냐고 묻는다면, 그것은 "내 아버지가 내 형제들에게 무슨 일을 하실 것인지 그리고 내 아버지의 행동을 통해 그분의 성격이 어떻게 나타나는지 내가 알아서 무엇하겠느냐?"고 말하는 것과 같다.

이 주제가 하나님의 말씀에서 차지하는 비중을 생각해 볼 때 이 주제는 분명히 우리 아버지에게 중요한 것이다. 여호와 하나님은 이스라엘 백성들을 다루심을 통해 자신의 본성을 그들에게 충분히 계시하셨다. 열방들은 이것을 통해 여호와 하나님을 알 수 있고, 우리 또한 이것을 통해 하나님을 아는 법을 배울 수 있다.

　우리는 동일한 사람이 한 나라의 왕으로서 어떤 식으로 행동하면서 또한 동시에 한 가족의 아버지로서 또 다른 식으로 행동할 수 있다는 사실을 알고 있다. 이와 마찬가지로 교회인 우리를 향한 하나님의 행함과 유대인들을 향한 하나님의 행함에는 차이가 나타나는데, 예를 들어 교회를 향해서는 아버지로서의 본성이 계시되고 유대인들을 향해서는 왕으로서 여호와 하나님의 본성이 계시되어 있다. 다시 말해, 이스라엘과 하나님의 관계 가운데는 하나님께서 여호와로서 가지신 특성 즉 그분의 신실하심, 불변하심, 절대적인 능력, 온 땅을 다스리는 통치권과 같은 것들이 계시되어 있다. 따라서, 우리는 이스라엘 백성의 역사를 통해 여호와 하나님께서 왕으로서 가지신 본질을 알 수 있게 된다.

　시편 126편을 보자. "여호와께서 시온의 포로를 돌리실 때에…열방 중에서 말하기를 여호와께서 저희를 위하여 대사를 행하셨다 하였도다" 이 주제와 관련해서 에스겔 39장 6-7절을 살펴보는 것이 도움이 될 것이다. "내가 또 불을 마곡과 및 섬에 평안히 거하는 자에게 내리리니 그들이 나를 여호와인줄 알리라 내가 내 거룩한 이름을 내 백성 이스라엘 가운데 알게 하여 다시는 내 거룩한 이름을 더럽히지 않게 하리니 열국이 나를 여호와 곧 이스라엘의 거룩한 자인줄 알리라 하셨다 하라" 그리고 28절도 함께 보자. "전에는 내가 그들로 사로잡혀 열국에 이르게 하였거니와 후에는 내가 그들을 모아 고토로 돌아오게 하고 그 한 사람도 이방에 남기지 아니하리니 그들이 나를 여호와 자기들의 하나님인줄 알리라" 이것이 바로 하나님께서 여호와로서 자신을 계시하시는 방법이다.

하나님께서 아버지로서 자신을 계시하실 때는 양자의 영에 의해서 그리고 복음을 통해서 우리에게 자신을 계시하시지만, 여호와로서 자신을 계시하실 때는 이 땅에 대한 심판을 통해 즉 이 땅에 대해 자신의 능력을 나타내심으로써 자신을 계시하신다. 여기서 아버지 하나님께서 복음을 통해 자신을 계시하신다고 말한 것은 복음이야말로 순전한 은혜의 체계이기 때문이다. 복음은 우리에게 아버지 하나님께서 우리에게 하시는 것처럼 우리 또한 다른 사람을 향해 순전한 은혜의 원리를 바탕으로 행동하라고 가르친다. 이것은 "눈에는 눈, 이에는 이"의 원리가 아니다. 다시 말해, 복음이 담고 있는 은혜의 원리는 공의가 요구하는 보응의 법이 아닌 것이다. 이것은 "내 아버지께서 온전하시니 나도 온전해야" 한다는 사실에 기초한 원리이다.

하지만 여호와 하나님의 통치권에 있어서는 단지 악을 용서하고 선을 행하는 은혜만을 강조하지 않는다. 의심할 여지 없이 여호와께서는 열방에게 복을 주실 것이다. 하지만 그분의 왕국은 "판단이 의로움으로 돌아가는"(시 94:15) 성격을 가지고 있다. 예수님께서 초림하셨을 때에는 재판권이 빌라도에게 있었던 반면에 의로움은 예수님에게 있었다. 하지만 예수님께서 재림하실 때 재판권은 의로움과 결합될 것이다. 그러므로 지금의 시기를 살아가는 그리스도의 백성들, 하나님의 자녀들은 구원자 되신 주님의 본을 따라야 한다. (즉, 그들은 이 세상에서의 재판권이 의롭게 행사될 것을 기대하지 말고, 그들이 이 땅에서 잘못된 일들을 겪더라도 그 가운데서 부드럽고 겸손하게 행해야 한다.) 지금의 시기를 살아가는 하나님의 참된 자녀인 교회는 "그리스도와 연합" 되어 있으며, 그리스도의 무한한 사랑의 능력을 통해 죄에 대한 형벌로부터 면제받은 사람들이다. 교회에 속한 그리스도인들은 또한 성령께서 주시는 위로를 누리게 되었고, 이보다 더 놀라운 것은 "하늘의 영광"에 대한 소망을 갖게 되었다.

반면에, 여호와 하나님께서는 자신의 백성들인 이스라엘을 위해 그분의 의로움을 직접 나타내심으로써 그들을 위로하실 것이며(시 65:5을 보라), 그들을 이 땅에서 다시 세우심으로써 "이 땅에서의 영광"을 누리게 하실 것이다. 그러므로 유대인들은 하나님께서 여호와라는 이름으로 심판과 의로움을 행하실 백성들이다. 이와 달리 교회는 하나님께서 아버지로서 가족을 상대하듯이 인자와 사랑을 보여주시는 백성들이다.

앞에서 우리는 예레미야 30-33장과 에스겔 36-39장을 통해 마지막 때에 유대인들에게 일어날 사건들을 살펴보았다. 이제 같은 주제를 다루고 있는 구절들을 다니엘부터 시작해서 선지서들의 순서에 따라 살펴보자.

먼저 다니엘 12장 1절을 보자. "그 때에 네 민족을 호위하는 대군 미가엘이 일어날 것이요 또 환난이 있으리니 이는 개국 이래로 그 때까지 없던 환난일 것이며 그 때에 네 백성 중 무릇 책에 기록된 모든 자가 구원을 얻을 것이라" 이 구절은 다니엘의 민족인 유대 백성들을 대환난 가운데서 보호하는 일을 하게 될 미가엘에 대해 언급하고 있다. 이 예언에는 몇 가지 특징적인 요소들이 있다. 첫째로, 하나님께서는 자신의 권능 가운데 미가엘의 사역을 통해 다니엘의 백성들을 위해 일하실 것이다. 그리고 이 때는 이스라엘이 생긴 이래 경험해 본 적이 없는 환란의 때가 될 것이다. 이러한 사실을 통해 우리는 마태복음 24장과 마가복음 13장 19절을 이해하는 열쇠를 얻을 수 있다.

다니엘 12장 2절에 나오는 부활은 유대인들에게 적용된다. "땅의 티끌 가운데서 자는 자 중에 많이 깨어 영생을 얻는 자도 있겠고" 우리는 이와 동일한 표현을 이사야 26장 19절에서도 발견할 수 있다. "주의 죽은 자들은 살아나리이다" 한편, 에스겔 37장 12절에도 유사한 표현이 등장하는데, 여기서는 이방 나라들 가운데 매장되어 있는 이스라엘 국가의 부활을 비유적으로 나타내고 있다. 이렇게 이스라엘이 다시 세워질 때 앞에서 본 것처럼 부활하여 영생을 얻는 자도 있을 것이지만 "수욕을 받아서 무궁히 부끄러움을 입을 자도 있을 것이다." 이러한 일은 유대인들에게 일어날 일을 가리킨다. 열방 가운데서 나오게 될 유대인들 가운데 일부는 영원한 생명을 누리게 되겠지만 일부의 사람들은 부끄러움과 영원한 모욕을 당할 것이다. 이사야 66장 24절을 참고하라. 이 예언이 성취될 때 다니엘의 백성들 가운데 모두가 열방 가운데서 나와 영원한 생명을 누리게 되는 것이 아니다. 또한 하나님께서는 환란의 때에 자신의 백성 이스라엘을 위해 일어나실 것이고, 남은 자들은 건짐을 받을 것이다. 이와 같은 내용이 다니엘 12장의 개관이다.

다음에는 호세아 2장 14절부터 마지막 절까지 살펴보자. 여기서 우리는 여호와께서 이스라엘을 영접하실 것이고 그들을 낮추신 후에 그들을 그 땅으로 인도하실 것을 본다. 하나님께서는 자신의 속마음을 따라 말씀하시기를 그들을 그들이 젊었을 때와 같은 모습으로 만드실 것이라고 하신다. 여호와께서는 그들과 언약을 세우실 것이며, 이 땅에서 모든 가능한 방법으로 그들을 축복하실 것이고, 영원토록 그들에게 장가드실 것이다.

하지만 더 많은 것이 있다. 여기서 우리는 여호와 하나님으로부터 내려와 하나님의 씨('이스르엘'이라는 이름이 의미하는 바가 이것이다)인 이스라엘 위에 풍성하게 부어지는 지상(地上)의 축복에 관한 끊어지지 않는 복의 사슬을 볼 수 있다. 그리고, 여기에는 "내가 나를 위하여 저를 이 땅에 심으리라"(23절)는 말씀이 추가되어 있다. 이스라엘은 죽은 자들 가운데서 살아난 자처럼 이 땅에서 하나님의 축복의 도구가 될 것이다. 지금은 모든 것이 죄로 인해 방해를 받고 있고, "하늘에도" 영적인 악의 세력이 있다(엡 6:12). 지금 우리는 (하나님이 자신을 사랑하는 자들을 위해 모든 것을 합력하여 선을 이루시기 때문에) 많은 축복을 받고 있지만, 이 세상에서 우리는 도처에 비참한 모습이 널리 퍼져 있는 것을 볼 수 있다. 하지만 그 때가 되면 이 땅에서는 놀라운 축복이 충만하게 나타날 것이다.

다음으로는 호세아 3장 4-5절을 보자. "이스라엘 자손들이 많은 날 동안 왕도 없고 군도 없고 제사도 없고 주상도 없고 에봇도 없고 드라빔도 없이 지내다가 그 후에 저희가 돌아와서 그 하나님 여호와와 그 왕 다윗을 구하고 말일에는 경외하므로 여호와께로 와 그 은총으로 나아가리라" 이스라엘 백성들에게는 참 하나님도 거짓 신도 없을 것이지만(이것은 지금도 마찬가지이다), 그 후에는 그들이 여호와와 다윗(즉, 그리스도)을 구하게 될 것이다.

그 다음에는 요엘 3장 1,16-18,20,21절을 보자. 이 부분은 하나님께서 유다와 이스라엘의 사로잡힌 자들을 돌아오게 하실 때 열방에 행하실 일에 대해 예언하고 있다(1-15절). 그 때에 이방의 나라들에게는 심판이 임할 것이다. 그 다음에 하나님께서는 유대인들에 대해 말씀하셨다. 예루살렘은 거룩하게 될 것이고, 여호와 하나님께서는 시온에 거하실 것이다. 그분께서는 이스라엘 백성의 소망이 되실 것이고, 이스라엘 자손들의 힘이 되실 것이다. 바로 이와 같은 모습이 하나님의 심판이 열방들 위에 임할 때 이스라엘 백성에게 일어날 일이다.

다음에는 아모스 9장 14-15절을 보자. "내가 내 백성 이스라엘의 사로잡힌 것을 돌이키리니…내가 저희를 그 본토에 심으리니 저희가 나의 준 땅에서 다시 뽑히지 아니하리라" 이 말씀은 아직 성취되지 않았다. 이 장의 11-12절은 사도행전 15장에서 인용되고 있는데, 이것은 이 예언이 그 때 성취되었다고 말하려는 것이 아니라 하나님께서 이방인들 가운데서 자기 이름을 위할 백성을 취하시기로 결심하셨다는 사실을 입증하기 위한 것이다. 선지자들의 예언은 야고보가 사도행전 15장에서 하나님께서 그 당시에 행하신 일의 의미를 설명한 내용과 원리적으로 일치하고 있다. 사도행전 15장에서 아모스의 말씀을 인용한 것은 그 예언이 마침내 성취되었다고 말하려는 것이 아니라, 선지자들의 입을 통해 말씀하실 뿐만 아니라 야고보를 통하여 성령께서 말씀하심으로써 이방인들 가운데서도 하나님의 이름을 위할 백성을 취하실 것이라는 어떤 원칙을 보여주기 위한 것이다.

이번에는 미가 4장 1-8절을 보자. 이 말씀 역시 아직 성취되지 않았다. 이 구절에는 예루살렘이 처음의 영역을 회복할 때와 관련된 지형학적 묘사가 나타나 있다. 미가 5장 4,7,8절에는 그리스도의 이름이 창대하여 땅 끝까지 이를 것이며, 이스라엘은 각처에서 하나님의 축복의 이슬이 될 것이고, 자기를 대적하는 모든 것을 향해 승리를 거둘 것이라는 사실이 언급되어 있다. 미가 7장 19-20절에서 우리는 (이전 설교에서 살펴본 것처럼) 하나님께서 이스라엘 백성들의 선조들에게 주신 무조건적인 약속들에 대해 성령께서 어떻게 언급하고 계신지를 볼 수 있다.

다음으로는 스바냐 3장 12절부터 마지막 절까지 살펴보자. 이 말씀의 의미는 무엇일까? 이 부분에서는 하나님께서 "잠잠히 사랑하신다"고 말씀하고 있다. 하나님께서는 사랑의 마음이 너무도 북받쳐 올라 오히려 아무 말도 할 수 없으신 것이다. 하나님께서는 누구를 이처럼 사랑하시는가? 13절을 읽어보라. "이스라엘의 남은 자는 악을 행치 아니하며 거짓을 말하지 아니하며 입에 궤휼한 혀가 없으며 먹으며 누우나 놀라게 할 자가 없으리라" 여호와께서는 이스라엘의 남은 자들 가운데 계실 것이며, 그들을 사랑하시므로 어떤 것도 그들을 가로막을 수 없을 것이다.

이번에는 스가랴 1장 15,17-21절을 보라. 여기에는 이스라엘을 흩어 버린 네 제국들에 대한 언급이 나타나 있다. 이 말씀에서처럼 이스라엘은 사실 하나님의 심판으로 인해 여러 곳으로 흩어지게 되었다. 이어서 9장 9절부터 마지막 절까지 보자. "시온의 딸아 크게 기뻐할지어다 예루살렘의 딸아 즐거이 부를지어다 보라 네 왕이 네게 임하나니 그는 공의로우며 구원을 하며" 여러분은 이 말씀이 이미 성취되었다고 말할지 모르겠다. 하지만, 그렇지 않다. 이 말씀은 단지 부분적으로만 성취되었다. 성령님은 신약 성경에서 이 구절을 인용하셨다(요 12:15). 하지만 거기에는 "그는 공의로우며 구원을 하며"(여기서 '구원한다' 는 말씀은 스스로 자신을 구원한다는 의미이다).라는 부분이 빠져 있다.

예수님이 초림하셨을 때에는 자신을 돌보지 않으셨다. 예수님이 십자가에 달리셨을 때 주변 사람들이 그분을 모욕하면서 "네가 만일 하나님의 아들이거든 십자가에서 내려오라"고 말했지만 예수님께서는 이 말에 전혀 반응하지 않으셨다. 주님께서는 슬픔으로부터 자신을 숨기지 않으셨다. 주님께서는 자신을 구원하시지 않고 대신에 우리를 구원하셨다. 그는 우리를 아끼시기 위해 자신을 아끼지 않으신 것이다. 다음에는 10장 6절부터 마지막 절까지를 보라. 이스라엘이 언제 "그들이 내게 내어 버리움이 없었음같이 된" 적이 있는가? 이 말씀 역시 아직 성취되지 않았다.

지금부터는 이스라엘 백성들이 그 땅으로 돌아오더라도 오직 남은 자만 구원을 받을 것이라는 것을 보여주는 몇 가지 구절들을 살펴보겠다. 먼저 스가랴 12장 2절을 보자. "보라 내가 예루살렘으로 그 사면 국민에게 혼취케 하는 잔이 되게 할 것이라 예루살렘이 에워싸일 때에 유다에까지 미치리라" 이 구절은 전쟁의 때를 언급한다. 이 땅에 사는 예루살렘 사면의 사람들은 예루살렘을 대하여 전쟁을 벌일 것이다. 하지만 하나님께서 예루살렘과 그 거민들을 기적적인 방법으로 보호하실 것이고, 열방의 나라들은 파멸을 당할 것이다(9절). 그리고 은총과 간구하는 심령이 이스라엘의 남은 자에게 부어질 것이다. "모든 남은 족속도 각기 따로 애통할 것이고" "그들이 그 찌른바 그를 바라보고 그를 위하여 애통할 것이다."

다음으로는 이사야 18장을 살펴보자. 이 장을 이해하는 데 어떠한 어려움이 있든지 간에 이 장의 목적은 너무 분명하기 때문에 어떤 것도 이것을 모호하게 만들 수는 없다. 이 말씀에서 구스의 강들은 나일강과 유프라테스강[70]을 가리킨다. 성경이 말하고 있는 역사를 통해 보면 이스라엘의 대적들은 이 두 강들 주변에 위치해 있음을 알 수 있다. 하지만 이 장에서 말씀하고 있는 예언은 이 지역을 뛰어넘고 있다. 즉, 이 말씀에는 이 예언이 주어질 당시에 이스라엘이 전혀 접촉해 본 적이 없는 먼 나라까지도 하나님의 부름을 받을 것이 예언되어 있다. 이사야 선지자는 나중에 이러한 장면에 등장하게 될 어떤 나라를 미리 내다보고 있다.

3절을 보자. "세상의 모든 거민, 지상에 거하는 너희여

산들 위에 기호를 세우거든 너희는 보고 나팔을 불거든 너희는 들을찌니라" 하나님께서는 세상의 모든 거민들과 이 땅에 거하는 사람들에게 이스라엘을 주목하라고 말씀하신다. 하나님께서는 그들을 부르셔서 예루살렘에 무슨 일이 일어나는지 주의를 기울이도록 하신다. 그래서 그들은 예루살렘에 관심을 갖게 된다. 이 세상은 심판이 임하게 될 것을 지켜보도록 초청을 받았다. 그 동안에(4절) 하나님께서는 쉬고 계시면서 열방들로 하여금 스스로 행동하도록 허용하신다. 이 예언을 통해 볼 때 이스라엘은 자신의 땅으로 돌아와 있음을 알 수 있다(5-6절). 이것은 바벨론도 이집트도 아니고 이전의 일들과 관련된 다른 나라들도 아닌 멀리 떨어져 있는 어떤 나라의 도움으로 이스라엘이 유대 땅으로 돌아오는 것을 묘사하고 있다. 우리는 지금 이 나라가 프랑스인지 러시아인지 영국인지 꼬집어 말할 수는 없다.

 이스라엘 사람들은 자신들의 땅으로 돌아올 것이다[71]. 하지만 지금 하나님께서는 그들을 내어 버려두신다. 지금 이스라엘은 열방들에게도 버림받은 상태에 있다. 그리고, 모든 것들이 새롭게 열매를 맺는 것처럼 보일 때에도(5절), 연한 가지들과 퍼진 가지들이 잘려 나가서 산의 독수리들이 그것으로 여름을 지내며 땅의 들짐승들이 다 그것으로 겨울을 보내게 될 것이다(여기서 독수리들과 들짐승들은 이방인들을 가리킨다). 그럼에도 불구하고 이 사람들은 "만군의 여호와께 드릴 예물을 가지고 만군의 여호와의 이름을 두신 곳 시온 산에 이를 것이다."

다음으로는 시편 126편 4절을 보자. "여호와여 우리의 포로를 남방 시내들 같이 돌리소서" 시온과 유다가 먼저 돌아오게 될 것이다. 이 기도가 하나님께 드려졌을 때 시온의 포로들은 이미 돌아와 있었다(1절). 그래도 그들은 하나님께서 모든 이스라엘을 돌아오게 하실 때 행하실 일들을 간절하게 바라고 있다.

그런데 여기서 우리는 하나님께서 유다와 이스라엘 집을 심판하시고 흩으시는 과정에서 그들을 어떻게 다루시는지 살펴볼 필요가 있다. 먼저 모이게 될 사람들은 예수님을 거부한 사람들이다. 이 사람들은 주님의 죽음에 대해 책임이 있다. 북방 이스라엘의 열 지파들은 이러한 범죄에 대해 책임이 없다. 북방의 열 지파들은 네 제국들이 이 세상의 통치자로 등장하기 전에 이미 흩어져 있었다. 바벨론이 제국으로 성립하기 전에 북방의 열 지파를 포로로 잡아간 것은 앗수르였다. 최근에 그곳을 방문했던 울프(wolff) 씨는 아랍인들 사이에서 살고 있는 유대 족속들과 관련된 상황에 관해 언급했다. 이 유대인들은 자신들은 에스라와 함께 유대 땅으로 돌아가기를 거부했던 사람들의 후손이라고 말했다. 그들이 그렇게 말한 것은 에스라와 함께 유대 땅으로 돌아간 사람들의 후손들이 메시야를 죽였다는 것을 알고 있기 때문이다. 그들은 바로 이러한 이유 때문에 그곳에 그대로 남아 있었다고 말한다. 이 말이 혹시 사실이 아니라 할지라도 어쨌든 그들이 이러한 생각을 한다고 하는 것은 아주 놀랄 만한 일이다.

그리스도를 거절했던 사람들이 나중에 적그리스도에게 굴복하게 될 것이라는 사실은 분명한 일이다. 그들은 "사망과 언약을 맺고 음부와 언약을 맺게 될"(사 28:15) 것이다. 하지만 이러한 언약은 그들의 모든 소망을 파괴하고 말 것이다. 적그리스도와 연합된 그들은 이러한 연합의 결과를 맞이하게 될 것이며, 결국에 파멸되고 말 것이다. 이스라엘이 그 땅에 돌아온 후에 그 땅의 이스라엘 거민 가운데 2/3는 멸절될 것이다(슥 13:8-9).

하지만 열 지파들에 대해서는 에스겔 20장 32-39절에서 보는 것과 같이 이와는 다른 이야기를 할 수 있다. 그들 가운데 패역한 자들 곧 불순종하고 반역하는 자들은 스가랴의 예언에서와 같이 가나안 땅에 돌아온 후에 거민의 2/3가 멸절되는 것이 아니라 가나안 땅으로 아예 들어가지 못할 것이다. 하나님께서는 과거에 이스라엘 백성들이 이집트에서 나온 후 광야에서 반역했을 때 행하신 것과 같이 그들에게 행하실 것이다. 하나님께서는 그들이 가나안 땅을 보지도 못한 채로 그들을 멸망시키실 것이다.

그러므로 이를 통해 볼 때 가나안 땅으로 돌아오는 것과 관련해서 유대인들 사이에는 두 부류가 존재함을 볼 수 있다. 첫째 부류는 그리스도를 거절하는데 함께 했던 유다 백성들과 그들과 연합한 사람들이다. 그들은 적그리스도와 연합할 것이며, 그들 가운데 2/3는 가나안 땅에서 멸망을 당할 것이다. 그리고, 둘째 부류는 열 지파의 후손들이다. 그들 가운데 반역하는 사람들은 가나안 땅으로 돌아오는 길에 광야에서 멸망을 당하게 될 것이다.

다음에는 마태복음 23장 37-39절을 보자. "예루살렘아 예루살렘아 선지자들을 죽이고 네게 파송된 자들을 돌로 치는 자여 암탉이 그 새끼를 날개 아래 모음 같이 내가 네 자녀를 모으려 한 일이 몇번이냐 그러나 너희가 원치 아니하였도다 보라 너희 집이 황폐하여 버린바 되리라 내가 너희에게 이르노니 이제부터 너희는 찬송하리로다 주의 이름으로 오시는 이여 할 때까지 나를 보지 못하리라 하시니라" 예수님께서 친히 말씀하신 이 내용은 그리스도께서 이스라엘을 회복시키기 위해 다시 오실 것이며 그들 가운데서 다스리실 것이라는 확신을 우리에게 준다.

이스라엘은 예수님을 보게 될 것이다. 하지만 이 일은 시편 118편 26절에 있는 대로 "여호와의 이름으로 오는 자가 복이 있도다"라는 말이 이스라엘의 입에서 나올 때 일어날 것이다. 시편 기자는 이러한 때 이스라엘이 누리게 될 복된 기쁨을 묘사하고 있다. 하지만 구주께서는 그분을 거절했던 유대의 지도자들을 향해 심판을 선포하실 때, 바로 여기 있는 시편 118편의 말씀을 사용하셨다. "건축자의 버린 돌이 집 모퉁이의 머릿돌이 되었나니"(시 118:22) 시편 118편에는 어린 아이들이 호산나라고 외치며 성전에서 그분을 환영했던 것과 같은 기쁜 상황이 묘사되어 있다. 어린 아이들이 주님을 맞이하면서 외쳤던 기쁜 외침은, 나중에 오게 될 더 기쁜 때에 이러한 어린 아이들의 마음으로 전에 그들의 선조들이 거부했던 구주를 주님으로 고백하게 될 사람들의 모습을 미리 보여주는 사건이다. 시편 118편은 시온에서 하나님의 머릿돌이 되시지만 이스라엘의 불신앙으로 인해 거치는 돌이 되셨던 분을 거절한 이스라엘의 범죄를 지적하면서도 동시에 이스라엘이 얻게 될 복을 기념하고 있다. 이러한 복은 오직 여호와 하나님의 신실하심 때문에 이스라엘이 얻게 되는 것이다.

하나님의 섭리에 의해 가나안 땅으로 돌아오게 될 두 부류의 이스라엘 사람들 외에도 하나님께서는 유대 국가의 택함 받은 사람들을 이방인들 가운데서 모으실 것이다. 그들이 돌아올 때 그들에게는 큰 복이 함께 할 것이다(마 24:31, 사 27:12, 사 11:10,12와 비교해 보라).

여기서 우리는 추가적으로 두 가지 원리를 볼 수 있다. 이 원리들은 아주 단순하고 분명하다. 이 원리들은 (예를 들어, 일부 유다 백성들이 바벨론에서 돌아왔던 사건과 같이) 이전에 일어났던 과거의 여러 가지 축복들과 우리가 말해 온 예언들이 미래에 성취될 때 받게 될 축복들을 구분하게 해 주는 원리이다. 이 두 원리는 다음과 같다. 첫째, 예언이 앞으로 성취될 때의 축복들은 다윗의 아들로 오시는 그리스도의 존재로부터 유래하게 될 것이다. 둘째, 예언이 앞으로 성취될 때의 축복들은 새 언약이 적용된 결과로 나타날 것이다. 유다 백성들 가운데 일부가 바벨론에서 돌아왔을 때라든지 또는 그 때 이후로 이 두 가지 조건 가운데 어떤 것도 만족된 적이 없다. 우리가 지금까지 살펴본 예언들은 유대인이 누리게 될 지상적(地上的) 축복에 대한 것이다. 교회가 소유하고 있는 복음은 이것과는 아무 상관이 없다.

Chapter 11

요한계시록 12장
요약과 결론

우리는 방금 요한계시록 12장을 읽었다. 이 장을 읽은 것은 이 장을 세부적으로 설명하기 위해서라기보다는 이 장이 이 시대의 끝에 일어날 일들 - 적어도 이러한 사건들의 천상적(天上的) 근원과 이 땅[72]에 임하게 될 저주들 - 을 잘 요약해서 보여주고 있기 때문이다. 하나님께서 능력을 주시는 대로 지금까지 살펴본 예언적 사건들을 순서대로 정리해보고자 한다.

하지만 그전에 이 설교의 맨 처음에서 우리가 살펴보았던 몇 가지 주제에 대해 기억을 되살려 보는 것이 좋겠다는 생각이 든다. 이러한 예언 연구는 두 가지 목적을 가지고 있는데, 첫번째는 우리 자신을 세상으로부터 구별시키려는 것이다(물론 성령께서 예언을 적용시키시면 세상의 모든 부분이 영향을 받게 되기는 하지만). 즉, 우리를 "이 악한 세상(시대)에서 구원하는" 것이 예언 연구의 목표이다. 그리고, 두번째 목표는 예언연구를 통해 하나님의 속성에 대해 그리고 우리를 향한 하나님의 방법에 대해 알고자 하는 것이다. 이러한 두 가지 목적은 우리가 예언을 잘 알게 될 때 얻을 수 있는 귀중하고 가치있는 열매이다.

하지만 이러한 예언 연구를 방해하는 요소들이 많이 있다. 사단은 항상 진리를 거스려 행동한다. 이 말은 어떤 예언에 대해 다른 견해를 가진 사람들을 반박하고자 하는 뜻이 있어서가 아니라 예언 자체의 연구를 막으려는 사람들에 대해 반대하고자 하는 것이다. 사단은 하나님의 전체 말씀에 대한 연구를 항상 반대해 왔다. 사단은 어떤 사람들에게 "도덕을 찾기 위해 애를 쓰고 교리에는 신경쓰지 말아라"고 속삭인다. 왜냐하면 사단은 우리가 올바른 교리를 알게 되면, 즉 예수님에 관한 계시와 또한 여러 가지 진리들에 관한 계시를 알게 되면 우리가 사단의 권세로부터 놓여나게 될 것임을 알기 때문이다. 사단은 또 다른 사람들에게는 "예언을 연구하지 말라"고 말한다. 왜냐하면 예언에는 세상에 대한 심판이 나타나 있는데, 사단이 세상의 왕이기 때문이다.

만약 우리가 이러한 사단의 반대에 귀를 기울인다면 우리는 이러한 예언을 주신 하나님을 거스리게 될 것이다. 하나님께서는 예언의 말씀을 읽는 자들에게 복이 있을 것이라고 말씀하신 적이 있는데도 우리가 예언의 말씀을 이해하기가 아주 어렵다는 이유로 무시한다면 말이 되겠는가? 예언의 말씀들은 하나님의 경륜을 이해하는 데 큰 빛을 비춰준다. 그리고 이런 의미에서 예언의 말씀들은 우리의 영혼이 해방을 받아 하나님께 나아가는데도 큰 영향을 준다. 우리가 예언 연구를 올바로 하게 된다면, 율법과 복음을 혼동한다거나 또는 현재의 교회경륜과 과거의 이스라엘경륜들을 혼동하는 것과 같이 사람들이 흔히 범하는 잘못들을 피할 수 있게 될 것이다.

만일 우리가 율법 앞으로 나아가면 우리는 거기에서 평안을 발견할 수 없을 것이다. 옛날 성도들의 위치와 현재 성도들의 위치 사이에 존재하는 차이점들을 이야기하면 많은 사람들은 마음에 어려움을 느끼곤 한다. 하지만 우리가 예언을 연구하면 이러한 마음의 어려움들이 해결이 되고, 성도들의 언행에 있어 많은 진보가 나타난다. 예언을 연구한다고 해서 구원이 예수 그리스도의 죽음을 통해 값없이 주어진다는 사실이 바뀌는 것은 아니다. 예언 연구는 이 진리를 그대로 유지하면서도 지금 성도들의 위치와 이전 성도들의 위치 사이에 존재하는 큰 차이점을 이해할 수 있게 해주며, 예수 그리스도의 죽음과 부활 이전에 살았든지 또는 그 이후에 살고 있든지 간에 하나님께서 자신의 백성들을 두신 길을 따라 나타나는 하나님의 모든 뜻을 밝히 알게 해주는 유익이 있다.

사랑하는 여러분, 우리가 앞에서 말한 대로 우리의 마음과 생각에 깊은 영향을 주는 것은 하나님께서 우리에게 주신 소망이다. 우리의 마음이 이러한 소망이 보여주는 미래의 모습으로 기뻐할 때 우리의 영혼도 기쁨으로 넘쳐나게 된다. 그리고, 우리의 마음을 사로잡고 있는 소망이 무엇이냐에 따라 우리의 행동을 규율하는 규범 또한 달라질 것이다. 이러한 사실을 생각해 보면, 우리의 마음이 하나님께서 주신 소망으로 가득차 있는 것보다 더 중요한 것이 있겠는가! 사람들은 말하기를 숨겨진 것들을 파고드는 것은 할 일

없는 사람들이나 가지는 호기심에 불과하다고 말한다. 하지만, 우리가 예언을 연구하지 않는다면 우리의 생각은 결코 현재의 상황을 넘어설 수 없을 것이다. 미래에 대한 하나님의 계획이 무엇인지를 아는 방법은 하나님께서 우리에게 주신 예언을 연구하는 길이기 때문이다. 예언은 장차 일어날 일을 기록한 것이다. 예언은 미래에 일어날 사건들을 알 수 있는 성경의 거울과 같다. 하나님께서 미래의 일에 대해 우리에게 계시해 놓으신 것을 우리가 연구하지 않는다면, 우리는 그것에 대해 결국 제멋대로 생각하게 되는 결과를 초래하게 될 것이다.

어떤 사람들은 예언연구를 반대하기 위해 다음과 같은 바울의 말을 인용하기도 한다. "내가 너희 중에서 예수 그리스도와 그의 십자가에 못 박히신 것 외에는 아무 것도 알지 아니하기로 작정하였음이라"(고전 2:2) 이 말씀은 예언연구를 반대하기 위해 자주 사용되는 구절이다. 그러한 사람들은 이 구절을 근거구절로 해서 예언연구를 반대하는데, 이러한 반대는 다음과 같은 두 가지 이유 때문에 생겨난다. 첫째, 이러한 반대는 문맥을 무시한 채 성경구절을 인용하는 오류 때문에 생겨난다. 둘째, 이러한 반대는 그동안 해 오던 대로 별다른 생각 없이 관성적으로 주님을 섬기려는 부정직함 때문에 나타난다. 이처럼 관성적인 신앙태도는 하나님의 말씀을 대할 때 기민성을 둔화시키기 때문에, 이러한 태도를 가진 사람들은 성령님의 음성을 잘 들을 수가 없다. 게다가 하나님의 말씀 앞에 정직한 태도로 서고자 하는 마음이 부족하기 때문에, 이러한 부정직함이 한편으로 죄라는 사실을 마음에 잘 인식하지 못한다. 따라서 하나님의 말씀 앞에 정직하게 서려는 마음이 없게 되면 예언의 말씀들을 가급적 대하지 않으려는 게으른 마음이 생겨나게 된다.

예수 그리스도께서 십자가에 못박히신 것만을 아는 것으로 우리의 지식을 제한해야 한다는 생각은 잘못된 생각이다. 우리는 예수 그리스도께서 영광을 얻으신 것도 알아야 하고, 예수 그리스도께서 하나님 우편에 계신 것도 알아야 하며, 그분께서 하나님 앞에서 우리의 대언자요 대제사장으로 계신 것도 알아야 한다. 우리는 "나는 예수 그리스도께서 십자가에 못박히신 것을 안다"고 말하는 것에만 만족하지 말고, 그리스도에 대해 성경이 계시하고 있는 것을 가능한 한 많은 것을 알아야 한다. "나는 예수 그리스도께서 십자가에서 돌아가신 것만을 알 뿐이다"라고 말하는 것으로만 만족하고 만다면, 우리는 위에서 인용한 말씀의 문맥을 무시하고 그냥 그 구절만 따로 떼어 겉으로 보이는 대로 그 의미를 취한 것이 될 뿐이다. 그렇게 되면 이 말씀의 참된 의미를 놓치게 될 것이다.

사도 바울은 고린도의 교회 안에서 그리스도를 따르기보다는 인간의 지혜와 철학을 중요시하는 고린도 사람들이 가진 일반적인 경향을 따르려는 사람들이 나타나고 있는 것을 보았다. 당시의 고린도는 철학으로도 유명한 도시였기 때문에 고린도 사람들의 이러한 경향은 그다지 놀랄 일도 아니었다. 하지만 바울은 교회 안에서도 이러한 경향이 나타나는 것을 보고, 그들의 영혼을 다시 그리스도에게 되돌리기를 원했다. 그는 세상의 지혜로 보자면 자신이 그들 가운데 들어가서 행한 일이 얼마나 바보 같은 일인지를 말해야만 했다. 그는 "그들 가운데 거할 때에 약하며 두려워하며 심히 떨었고", "예수 그리스도와 그의 십자가에 못 박히신 것 외에는 아무 것도 알지 아니하기로 작정하였다." 바울이 전한 그리스도는 세상 사람들에게서 경멸받은 분이었다. 바울은 고린도 교회에서 그리스도의 보혈이 가진 가치에 대해서 증거하지 않았다. 오히려 그들이 추구하는 세상의 헛된 영광을 포기하도록 십자가에서 못박히신 그리스도를 전했다. 십자가는 예수 그리스도를 못박고, 세상을 못박고, 또한 그리스도인을 못박았다(갈 6:14). 그래서 십자가의 도가 멸망하는 자들에게는 미련한 것이지만 구원을 얻는 우리에게는 하나님의 능력이 된다. 세상은 그러한 십자가를 경멸할 터이지만, 우리 그리스도인들은 거기서 시작한다. 그렇게 함으로써 그들의 믿음이 사람의 지혜에 있지 아니하고 다만 하나님의 말씀 위에 터 잡기를 바랬다.

그런데, 같은 장에서 바울은 그가 참된 그리스도인들 사이에 들어갔을 때부터 그의 행동이 바뀌었다고 말한다. 그는 "온전한 자들 중에서 지혜를 말한다"고 말했다. 그는 인간의 지혜로는 할 수 있는 일이 없었을 것이다. 하지만 그는 온전한 자들 가운데 있게 되었을 때 "우리가 온전한 자들 중에서 지혜를 말한다"고 말했다. 그러므로 다시 반복해서 말하자면, 바울이 예수 그리스도께서 십자가에 못박히신 것 외에는 아무 것도 알지 않겠다고 한 말의 참된 의도는 그리스도에 대해서 가능한 한 적게 알기를 원한다는 뜻이 아님을 알 수 있다. 더구나, 히브리서 6장에서 바울이

한 말을 보더라도[73] 우리는 그가 그리스도께서 십자가에 못 박히신 것만으로 자신의 지식을 제한하겠다는 의도로 이 말을 한 것이 아니라는 사실을 알 수 있다. 히브리서에서 바울은 "우리가 그리스도 도의 초보를 떠나 완전한 데로 나아가자"고 말한다. 그러므로 우리는 예언 연구에 대한 반대가 근거 없는 것임을 알고, 하나님께서 예언을 통해 자신을 어떻게 계시하셨는지 앞으로 좀 더 자세히 살펴보기로 하자.

요한계시록 12장은 예언의 큰 주제이자 하나님의 모든 말씀의 주제를 우리에게 보여준다. 그것은 마지막 아담이신 그리스도와 사단 사이에 벌어지는 전쟁이다. 성경에서 발견되는 모든 진리의 빛은 바로 이러한 중심 진리로부터 퍼져 나간다. 이러한 큰 전쟁은 "이 땅"의 영역에서는 유대인을 통해서 벌어지고(이 경우에는 유대인들이 전쟁의 대상이 된다), "하늘"의 영역에서는 교회를 통해서 벌어진다(이 경우에는 교회가 전쟁의 대상이 된다). 예언의 주제가 교회의 소망과 유대인의 소망이라는 두 부분으로 구분되는 것은 바로 이 때문이다. 물론 적절하게 말하자면 교회의 소망에 관한 말씀은 예언이라고 보기는 어렵다. 왜냐하면 예언은 이 땅과 관련된 것이고, 하나님께서 이 땅에서 어떻게 통치하시는지에 관련된 것이기 때문이다.

  마지막 아담과 사단 사이에 벌어지는 이러한 큰 전쟁을 살펴보기 전에 먼저 우리는 첫째 아담의 역사가 어떻게 되었는지를 알 필요가 있다. 첫째 아담의 역사는 마지막 아담의 사역에 의해 끝이 났다. 교회가 하나님께 속한 일들에 자신을 드리기 위해서는 무엇보다도 자신이 하나님 앞에서 어떠한 위치에 있는지에 대해 확실히 알고 있어야 한다. 그리스도께서 초림하셨을 때 그분께서는 하나님의 영원한 뜻 안에서 아버지 하나님의 지혜에 따라 자신에게 주어진 모든 일을 완수하셨다. 이러한 그리스도의 사역이 교회의 평안을 가져왔다.

  주 예수님은 이 세상 사람들 가운데 신실한 믿는 자들이 하나님의 은혜를 아는 지식에 의해 확실한 구원을 얻을 수 있도록 하시기 위해 이 세상에 오셨다. 구원의 사역을 완수하신 후에 주님은 자신을 따르는 자들에게 구원을 주시고 생명을 나누어 주신다. 그리고, 이러한 구원을 우리 마음에 인쳐주시는 성령님께서는 하나님의 자녀인 우리들에게 장차 일어날 일을 계시하신다. 주님의 초림과 재림 사이에서 성령은 지금 교회를 모으고 계시며, 그리스도께서 재림하실 때 교회가 그분의 영광에 동참할 수 있도록 하실 것이다.

위에서 보았듯이 교회의 구원에 필요한 모든 것을 성취하신 그리스도께서는 믿는 모든 자들을 구원하시며, 성령께서는 지금 세상에서 역사하시면서 이러한 구원을 아는 지식을 교회에 나누어주고 계신다. 주 예수님은 하나님께서 앞으로 죄인을 구원하실 것이라는 미래의 소망을 주기 위해 오셨던 것이 아니다. 예수님께서는 믿는 모든 자들의 구원을 이미 성취하셨다. 그렇기 때문에, 성령께서 이러한 지식을 어떤 사람에게 깨닫게 해 주시면 그 사람은 자신이 구원을 받았다는 것을 알게 된다. 하나님과의 관계에서 그분의 자녀가 된 우리들은 또한 그분의 상속자이기도 하다. 우리는 "하나님의 후사요 그리스도와 함께 한 후사"이다. 우리는 그분의 상속자이기 때문에 그리스도의 영광에 관련된 모든 것들이 이제 우리의 소유가 되었다. 그리고, 성령께서는 무엇보다도 우리가 하나님의 이러한 자녀라는 사실을 깨달을 수 있도록 하기 위해 우리에게 오셨다. 그래서 그분은 양자(養子, adoption)의 영이 되시며, 더 나아가 우리가 가진 유업이 어떠한 것인지를 가르쳐 주시는 빛의 영이 되신다. 우리는 "그리스도와 하나로 연합" 되어 있기 때문에 그리스도의 영광에 관한 모든 진리가 우리에게 계시되어 있다. 성령께서는 또한 그리스도께서 모든 만물 위에 뛰어난 분이시며 하나님께서는 그분을 만물의 상속자로 삼으셨고 또한 우리를 그분과 함께 하는 공동상속자로 삼으셨다는 사실도 계시하여 주셨다.

그리스도께서 이처럼 구원을 위해 필요한 모든 것들을 완수하신 후에 교회는 구주께서 다시 오실 때까지 세상에서 취함을 입어 "그리스도와 하나로 연합" 되어 있다. 교회는 그리스도께서 완수하신 구원과 다가 올 영광에 대한 지식을 가지고 있고, 구원의 인침이 되시는 성령께서 믿는 자 안에 내주하시면서 장차 올 영광의 보증이 되신다는 사실을 알고 있다. 이러한 진리들은 인간의 전체 역사에 큰 빛을 비춰주고 있다. 이러한 진리들과 더불어 우리는 성경의 큰 주제는 마지막 아담이신 그리스도와 사단 사이에 벌어지는 전쟁이라는 사실을 기억해야 한다.

모든 피조물의 책임 있는 머리로서 그리스도는 가장 낮은 자리로 오셨다. 그리스도께서 오셨을 때 첫째 아담은 어떤 상태에 있었는가? 그리스도는 사람이 황폐함의 상태에 있다는 사실을 보셨다. 사람은 전적으로 잃어버린 바 되었던 것이다. 그리스도께서 이 땅에 오시기 전에 필요했던 것은 바로 사람이 이처럼 전적으로 황폐화된 상태에 있다는 사실이 드러나는 것이었다. 하나님께서는 사람 자신으로는 그 어떤 선한 것도 나올 수 없다는 사실이 충분히 드러나기 전에는 아드님을 세상에 보내시지 않았다. 홍수 이전이든 이후이든, 율법 아래 있든 선지자 아래 있든 성경의 기록은 인간이 잃어버린 바 되었다는 사실을 더욱더 분명하게 드러낼 뿐이었다.

인간은 모든 상황 속에서 계속해서 실패해 왔고, 이러한 타락한 인간의 상태는 하나님께서 자신의 아들을 세상에 보내셨을 때 종들이 "이 사람은 상속자니 그를 죽이자"라고 말하는 데까지 이르렀다. 인간의 죄는 이와 같이 최고조에 이르렀던 것이다. 하지만 이러한 상태에서도 하나님의 은혜는 더욱 왕노릇했다. 하나님께서는 우리같이 불쌍한 죄인들을 자신의 자녀로 삼으셔서 그리스도와 함께 유업을 상속하도록 하셨으며 하늘에 속한 영광을 보여주시고 이를 보증하기 위해 성령을 주셨다.

하지만 연속되는 세대들을 좀 더 자세히 살펴보기 위해서(그리고 이러한 데서 나타난 하나님의 성품을 좀 더 자세히 살펴보기 위해서) 우리가 처음으로 살펴볼 부분은 대홍수 사건이다. 왜냐하면 대홍수 이전에는 이 세상에 이른 바 "통치체계(government, 정부)"가 없었기 때문이다[74]. 대홍수 이전에 존재했던 예언은 그리스도께서 오실 것이라는 미래를 가리키고 있었다. 대홍수를 통한 하나님의 교훈 또한 바로 이 미래를 향해 있었다. "아담의 칠세 손 에녹이 사람들에게 대하여도 예언하여 이르되 보라 주께서 그 수만의 거룩한 자와 함께 임하시나니"

대홍수에 대해 좀 더 이야기해 보자. 홍수 이후에 노아의 때에 이 땅에 통치체계가 도입되었다. 그리고 하나님께서는 심판 가운데 오셔서 사람들에게 칼의 권세를 행사하셨다. 이 사건 이후에 아브라함이 부르심을 받았다. 여기서 주의할 점이 있다. "통치체계(정부)"라는 원리가 처음에 도입될 때는 말씀에서, 이 통치체계의 원리는 많은 부분을 차지하고 있지 않은 반면, 하나님과의 관계에서 "약속과 부르심"이라는 원리가 처음에 도입될 때는 말씀에서, 이 부르심의 원리는 많은 부분을 차지하고 있었다. 하지만 "통치체계"라는 원리와 "부르심"이라는 원리는 모두 다 대단히 중요한 원리이다.

하나님께서는 자신의 모든 약속의 뿌리가 되도록 하시려고 한 사람, 즉 아브라함을 부르셔서 신실한 믿는 자들의 조상이 되게 하셨다. 하나님께서는 아브라함을 부르셔서 자신의 고국과 친척, 가족을 떠나게 하셨고 하나님께서 그에게 보여주시는 땅으로 가도록 하셨다. 하나님께서는 아브라함에게 약속의 하나님으로 자신을 계시하셨다. 즉, 하나님께서는 자신이 사람들에게 주시는 약속을 통해 사람들을 자신에게로 불러 구별시키시는 약속의 하나님으로 아브라함에게 자신을 나타내신 것이다.

이 일 이후에 하나님께서는 선택(election)이라는 동일한 원리에 따라 아브라함의 후손들 가운데서 야곱의 자녀들을 이 땅에서 자신의 백성으로 취하셨고, 이 땅에서 자신의 모든 관심의 대상으로 삼으셨으며, 육신으로 볼 때 그리스도도 또한 그들 가운데서 오도록 하셨다. 하나님께서 여호와로서 자신의 모든 특성을 보여주신 것은 바로 이처럼 이스라엘을 통해서였다. 하나님은 자신이 약속의 하나님일 뿐만 아니라, 이스라엘 안에서 부르심과 통치체계라는 두 가지 원리를 결합시키신 하나님이라는 것을 보여주셨다. "통치체계(government)"라는 원리는 전에 노아를 통해서 도입되었고, "부르심(calling)"이라는 원리는 아브라함을 통해서 도입되었다. 이스라엘은 하나님의 "부르심"을 받아, 이 땅에서 복을 받고 약속을 누리도록 구분된 백성이었으며, 동시에 또한 율법에 따라 하나님의 "통치권"이 행사되는 것에 복종해야 하는 백성이었다.

그래서 우리는 노아 안에서 이 땅의 "통치체계"라는 원리가 특징을 이루었고 아브라함 안에서는 "부르심과 선택"의 원리가 특징을 이루었으며, 여호와 하나님께서는 전에도 계셨고 이제도 계시며 장차 오실 약속의 하나님으로서 말씀하신 모든 것을 성취하실 것이고, 자신의 율법의 의로움(이러한 의로움은 이스라엘 안에서 계시되었다)에 따라 모든 땅을 통치하실 분이라고 말할 수 있다.

앞에서 우리는 전에 하나님께서는 조건적 약속의 성취를 사람의 신실함에 달려있게 만드셨으며(출 19:4-9), 기회가 있을 때마다 인간을 향해 자신의 모든 특징들을 그림으로서 자세하게 나타내셨다는 것을 살펴보았다. 하나님께서는 제사장들, 선지자들, 그리고 왕들 아래에 있던 인간들에게 이렇게 행하셨다. 하나님께서 이스라엘 및 사람들과의 다양한 관계 가운데 보여주신 것을 통해 우리는 예언의 가치는 이것이 사람의 타락을 보여줄 뿐 아니라 더 중요한 것은 하나님의 영광을 보여준다는 사실에 있다는 것을 주목할 필요가 있다.

이스라엘이 모든 상황에서 범죄했을 때, 심지어 이스라엘의 마지막 등불과도 같았던 다윗의 가문에서도 아하스 왕이 범죄했을 때, 예언의 말씀이 주어지기 시작했다. 예언은 다음과 같은 두 가지 특징을 보여준다. 첫째, 예언은 사람들이 율법 아래에서 실패했다는 것을 보여주기 위해 그리스도의 영광을 나타낸다. 둘째, 예언은 율법을 지키고자 했지만 모든 것이 잘못되었다는 사실을 보게 된 사람들의 믿음을 지지하기 위해 그리스도의 다가올 영광을 보여준다. 예언이 성취된 후에는 예언에 관심을 가져봤자 이미 늦은 일이 되고 만다. 어떤 예언이 사람들에게 주어졌다면, 그 예언을 받은 사람들은 그 예언에 순복해야 했다. 하나님의 말씀은 그 사람들의 양심을 울려야 했던 것이다. 그리고, 이것은 우리에게도 마찬가지이다. 이 모든 예언에는 메시야께서 오실 것이라는 기대가 나타나 있고, 그분께서 오서서 가장 중요한 목적을 위해 고난을 받으실 것이라는 사실이 나타나 있다.

예언은 이 땅에 적용된다. 예언의 대상은 하늘이 아니다. 예언은 "이 땅에서" 일어날 일에 대한 것이다. 교회가 이 사실을 올바로 인식하지 못하면 잘못된 결론에 이르게 된다. 그런데 교회의 지체인 우리는 예언에서 말씀하는 지상적(地上的)인 축복이 우리 안에서 완성될 것이라고 생각해 왔다. 하지만 교회는 "천상적(天上的)"인 축복을 누리도록 부름을 받았다. 교회의 특권은 하늘의 영역에서 자신의 몫을 누리는 데 있다. 나중에 이 땅에 임하게 될 것으로 예언에 나타나 있는 지상적인 축복은 지상 백성인 미래의 이스라엘에게 임할 것이다. 교회를 향한 하나님의 섭리는 이스라엘과는 전적으로 구분되는 "천상적인" 은혜의 경륜에 속한다. 교회는 지상 백성인 이스라엘이 그들의 죄로 인해 제껴짐을 당한 후에 하나님께서 예수 그리스도와 함께 천상적인 영광을 누리도록 열방 가운데서 불러내신 "천상적" 백성들이다. 유대인들이 거절했던 주 예수님은 지금은 전적으로 천상적인 존재로 계신다. 이러한 사실은 특히 사도 바울의 글에서 발견할 수 있는 교리이다. 주 예수님은 지금은 유대인의 메시야가 아니며, 높임 받으시고 영광을 받으신 교회의 신랑으로 계신다. 교회가 이처럼 약해진 것은 이같이 귀중한 진리를 명확히 붙들고 있지 못하기 때문이다.

위에서 우리는 여러 다양한 경륜에 관련된 역사를 간략하게 살펴보았다. 이제 우리는 교회가 영광을 얻은 사실을 살펴보고자 한다. 주님께서 이 땅에서 자신의 권리를 모두 포기하지 않으셨다면 교회는 영광을 얻지 못했을 것이다. 주님께서는 하나님의 상속자이시다. 그래서 주님께서는 그 얻으신 것을 구속하시기 위해 자신의 보혈을 흘리셨다. 보아스는('보아스'라는 이름은 '그 안에 힘이 있다'라는 뜻이다) 자신보다 기업 무를 순위가 앞선 자에게 "네가 나오미의 손에서 그 밭을 사는 날에 곧 죽은 자의 아내 모압 여인 룻에게서 사서 그 죽은 자의 기업을 그 이름으로 잇게 하여야 할찌니라"라고 말했다. 이와 마찬가지로 그리스도께서는 하나님의 뜻 가운데서 은혜로 유업이 주어진 공동 상속자인 교회를 사셨다. 여기서 우리는 보아스가 룻을 자신의 아내로 삼음으로써 그 유업을 샀다는 사실로부터 보아스의 이러한 행동은 그리스도의 모형이 된다고 말할 수 있다[75].

이렇게 해서 그리스도와 교회는 만물을 유업으로 소유하게 되었다. 이는 그리스도 자신이 하나님으로서, 만드신 만물에 대한 모든 자격을 갖추었기 때문이다. 하지만 실제적으로 볼 때 교회의 상태는 어떤가? 교회는 지금 실제적으로 이러한 것들을 유업으로 소유하고 있는가? 그렇지 않다. 왜냐하면 우리가 영광 가운데 있기 전에 즉, 그리스도께서 자신이 사신 유업을 구속하실 때까지 우리는 우리의 유업의 보증이 되시는 성령 외에는 아무 것도 소유하지 못하기 때문이다.

그 때가 올 때까지 사단은 이 세상의 왕이며 이 세상의 신으로 행세할 것이다. 게다가 사단은 하늘의 부르심을 입은 거룩한 형제들을 하나님 앞에서 참소하려 들 것이다. 하지만 사단이 이 세상의 왕으로 행세하는 것은 하나님의 자리를 찬탈했기 때문이다. 사단이 이 세상에서 하나님의 자리를 찬탈함으로써 왕 행세를 하고 있지만 사람들은 자신들이 가진 죄의 정욕으로 인해 이것을 지지하고 있으며, 사단은 이를 통해 하나님으로부터 멀어져 있는 타락한 인류 위에 권력을 행사하고 있다. 하지만 하나님께서는 섭리 가운데서 이 모든 것들을 사용하셔서 자신의 뜻을 이루어 가고 계신다.

앞에서 우리는 그리스도와 교회의 권리에 대해 살펴보았다. 이제 우리는 그리스도께서 어떻게 이러한 것들을 선(善)으로 만드시는지 살펴보자. 이것을 살펴보면 우리는 마지막 때에 일어날 사건들의 성취에 대해 알게 될 것이다. 하지만 그 전에 잠시 우리의 관심을 이방인에게로 돌려보자. 우리는 유대 국가의 타락이 완성되었을 때에 하나님께서 통치체계(government, 정부)의 통치권을 이방인들에게 넘기셨다는 것을 살펴보았다. 하지만 이런 차이와 함께 이러한 통치의 권리는 하나님의 부르심(calling)과 약속에서 분리되었다. 유대인들에게는 이 두 가지 - 하나님의 부르심과 이 땅위에서의 통치체계 - 가 결합되어 있었지만, 이스라엘이 제껴짐을 당한 순간부터는 분리되었다.

유대인들에게는 이러한 두 가지 원칙들이 결합되어 있었다. 하지만 이스라엘은 실패했고, 그 때부터는 하나님의 통치라는 원칙을 드러낼 수 없게 되었다. 왜냐하면 하나님께서는 이스라엘 가운데서 의로움으로 행하셨으므로, 불의한 이스라엘은 더 이상 하나님의 능력을 담을 수 없게 되었기 때문이다. 하나님은 이스라엘 가운데 자신의 보좌를 두시는 것을 철회하셨다. 이러한 사실에도 불구하고 지상의 부르심에 있어 이스라엘은 계속해서 부르심을 받은 백성으로 존재했다. "하나님의 은사와 부르심에는 후회가 없느니라"

통치체계에 대해서 하나님은 자신이 뜻하시는 곳으로 그 통치권을 옮기신다. 그래서 이 통치권은 이방인들에게로 넘어갔다. 그런데 그 후에 열방 가운데서 부르심을 받은 사람들(즉, 교회)이 생겨났다. 하지만 교회가 부르심을 받은 것은 하늘에 속한 것이다. 유대인들이 부르심을 받은 이 땅에 속한 것이다. 이 땅에 속한 하나님의 부르심은 유대인들에게 주어졌다. 그것은 열방에 넘어간 적이 결코 없으며, 아직도 그것은 유대인들에게 그대로 남아 있다. 만약 우리가 지상적인 종교를 원한다면 유대인이 되어야만 한다. 교회가 자신의 천상적인 부르심에 대한 영적인 시야를 상실한다면, 인간적으로 말할 때 교회는 모든 것을 잃게 된다.

통치권이 열방에 넘어갔을 때 열방에는 무슨 일이 일어났는가? 그들은 짐승들이 되었다. 즉, 다니엘 2장의 환상 가운데서 그들은 네 짐승 각각에 해당되는 네 개의 제국으로 표현되었다. 통치권이 이방인들에게 넘어갔을 때 그들은 하나님의 백성을 대적하는 자들이 되었던 것이다. 첫 번째는 바벨론, 두 번째는 메대-바사, 세 번째는 헬라, 네 번째는 로마제국이 계속해서 이스라엘을 대적했다. 네 번째 로마제국은 반항적인 이스라엘이 본디오 빌라도를 통해 자신의 뜻대로 하나님의 아들이자 이스라엘의 왕으로 오셨던 주님을 죽임으로써 열방이 범죄의 절정에 이르렀던 바로 그 때에 마찬가지로 자신도 범죄의 절정에 이르렀다. 이방인의 권력은 타락한 상태에 있었고, 심지어 부름 받은 백성인 유대인들도 마찬가지였다. 하나님의 심판은 사람의 손을 이용하여 유대인의 권력과 부르심 위에 떨어졌다.

그 동안에는 무슨 일이 일어나는가? 먼저, 교회의 구원이 일어난다. 야곱의 불의와 열방의 범죄, 세상과 유대인에 대한 심판 등 이 모든 것들이 교회에게는 구원이 된다. 이것은 모두 예수님의 죽음을 통해 달성되었다. 둘째, 예수님의 죽음이라는 엄청난 사건 이후에 일어나는 모든 일들은 하나님의 자녀를 모으는 목표 외에는 다른 목표를 가지고 있지 않다. 언약 백성인 유대인들은 하나님께 반항했고 하나님의 임재로부터 멀어져 버렸다. 열방도 마찬가지로 하나님께 반항했다. 하지만 사실상 폐허 상태 가운데서도 통치권은 항상 남아 있다. 하나님께서는 인내하시고 끝까지 기다리신다. 그런 다음에는 무슨 일이 일어나는가? 교회는 주님과 함께 있기 위해 하늘로 가는 것이다.

하나님의 뜻에 의해 모든 교회가 모이게 되는 때가 되면 무슨 일이 일어나는가? 교회는 주님을 만나기 위해 곧바로 올라갈 것이다. 그리고, 그 후에는 어린 양의 혼인이 일어날 것이다. 교회가 모두 모이는 때가 되면 하늘에 있는 영광의 자리에서 구원은 최종적으로 완성될 것이다. 그 때 열방들은 어디에 있게 되는가? 그들은 네 번째 제국의 통치를 여전히 받고 있을 것이다. 그리고 이스라엘 역시 적그리스도의 영향력 아래에서 그들의 반역에 동참하며 어린 양과의 싸움에 참여할 것이다. 왜 이러한 일이 일어나는 것인가? 왜 복음이 이러한 종류의 일들을 막지 못하는 것인가? 왜냐하면 사단이 이 때까지 아직 영원한 불못에 떨어지지 않았기 때문에, 하나님께서 여기서 사람을 향해 행하신 모든 것들이(이방인들의 통치체계이든지 또는 유대인들과 하나님의 실제적 관계이든지간에) 사단의 활동으로 인해 망가뜨려졌기 때문이다. 모든 것들이 사단이라는 존재에 의해 망가져 왔다. 사단은 항상 자신의 악한 영향력을 행사하고 있다.

하지만 교회가 모이고 하늘로 올라가고 나면 그 후에 하나님께서는 만물을 자신의 손 아래 두실 것이다. 그 때 하나님께서는 무슨 일을 하시는가? 하나님께서는 사단의 권리를 박탈하시고 권력에서 쫓아내실 것이다. 예수님께서는 교회가 자신과 하늘에서 완전하게 연합되고 나면 모든 것을 적합한 질서대로 회복시키실 것이다.

교회가 그리스도에게로 올라가게 되면 하늘에서는 전쟁이 있을 것이다. 이러한 전쟁은 통치의 자리에서 인간과 모든 피조물의 악행을 제하고 그들의 왕성한 활동과 풍성한 자원들을 없애기 위한 것이다. 이러한 전투의 결과는 쉽게 예견된다. 사단이 하늘에서 쫓겨날 것이다. 그 때 사단은 아직 결박당하지는 않은 채로 이 땅에 내어쫓기게 된다. 사단은 "자기의 때가 얼마 못된 줄을 알므로 크게 분내어" 땅에 내려오게 된다. 이렇게 해서 하나님의 뜻에 따르는 권세가 하늘에서 세워질 것이다. 하지만 이 땅에서는 전혀 다른 상황이 전개된다. 왜냐하면 사단이 하늘에서 쫓겨날 때 모든 땅을 격동시킬 것이기 때문이다. 그는 특히 이 땅에서 배도하는 사람들을 일으켜서 하늘로부터 오는 그리스도의 권세에 대항하도록 만들 것이다. "그러므로 하늘과 그 가

운데 거하는 자들은 즐거워하라 그러나 땅과 바다는 화 있을찐저"(계 12:12)

　이렇게 해서 하늘에서 그리스도와 그분의 교회가 권세를 잡게 되고, 사단은 크게 분노하여 땅으로 내려오게 된다(하지만 그러한 분노가 오래가지는 못할 것이다). 그리고, 적그리스도의 활동에 영향을 받는 네 번째 제국은 사단의 활동이 나타나는 무대가 될 것이다. 적그리스도는 또한 유대인들을 격동시켜서 하늘의 권세에 대항하는 사단의 반역에 동참하도록 만들 것이다. 여기서 이에 대한 성경의 근거를 자세히 언급하지는 않을 것이다. 이에 대해서는 이미 앞에서 충분히 살펴보았기 때문이다. 여기서는 단지 이러한 사건들이 성취되는 순서에 따라 이러한 일들을 간단히 요약하고자 한다. 이러한 모든 반역적 행동들로 인해 짐승과 적그리스도가 심판받고 멸망받을 것에 대해 여기서 자세하게 언급할 필요는 없을 것 같다. 짐승과 적그리스도는 이방인들과 유대인들 사이에 존재하는 모든 악의 머리이며, 이 땅에서 전개되는 모든 불행과 반역의 세속적이고 영적인 머리이다. 예수 그리스도께서는 그들을 파멸시키심으로써, 이방인들에게 맡겨져 있던 통치체계(government)를 통해서 역사하던 사단을 무너뜨리실 것이다.

적그리스도는 이 땅에서 통치체계의 중심인 예루살렘에서 자신을 높이지만, 만왕의 왕이요 만주의 주이신 그리스도께서 이 땅에 내려오실 때 파멸당하고 말 것이다. 그리스도께서는 이 땅에서 통치권을 차지하시고, 예루살렘을 이 땅에서 하나님의 보좌의 자리로 삼으실 것이다. 그런데, 이처럼 주님께서 이 땅에 오시고 적그리스도 안에서 역사하던 사단의 권세가 멸망받으며 이 땅의 통치체계가 의로우신 분의 손 안에 들어가게 되더라도, 이 땅이 모두 다 그분의 왕권 아래 완전히 복종하지는 않을 것이다. 유대인들 가운데 남은 자가 건짐을 받고 적그리스도는 멸망을 받게 될 것이지만, 세상은 그리스도의 권세를 인정하지 않고 그분의 권리를 차지하려 들 것이다. 그래서 구원자께서는 이 땅의 거민들이 그분의 통치 아래에서 막힘 없이 축복을 받도록 하기 위해, 그리고 오랫동안 대적에 굴복했던 이 세상에 기쁨과 영광이 자리잡도록 하기 위해 이 땅을 정결케 하셔야 하는 것이다[76].

주님께서 행하시게 될 첫 번째 일은 두로와 블레셋, 시돈, 에돔, 모압, 암몬 사람들이 살고 있던 땅, 다시 말해 나일강에서 유프라테스강까지 모든 악한 자들이 사는 땅을 정결케 하는 것이 될 것이다. 그리스도께서는 자신의 신실하심에 의해 다시 세워지게 될 그분의 백성들을 위해 권세를 가지고 이 일을 행하실 것이다. 그리하여 천년왕국의 지상백성들은 천년이 끝나고 사단이 놓임으로써 그리스도를 대적하기 위해 열방의 사람들을 모으게 될 때까지 이 땅에서 안전하게 거하게 될 것이다. 이스라엘 백성들이 이 땅에서 이렇게 평화 가운데 살고 있을 때 천년왕국의 끝에 또 다른 대적인 곡이 일어날 것이지만 그 역시 멸망당하게 될 것이다.

이러한 천년왕국을 시작하시기 위해 그리스도께서 이 땅에 오실 때 그분께서는 이 세상 사람들을 심판하실 것이며, 주님께서는 유대인들을 훨씬 더 친밀하게 대하실 것이다. 이러한 일은 스가랴 14장 3절에 있는 대로 주님께서 감람산에 내려오셔서 그 발이 그 위에 서게 되실 때 일어날 것이다. 예수님께서는 항상 동일한 분이시지만, 이 시점에 자신을 나타내실 때는 하늘로부터 오신 그리스도로서가 아니라 유대인의 메시야로서 평화 가운데 자신을 나타내실 것이다.

이렇게 유대인들이 회복되고 주님의 임재가 회복되면, 이방인들에게도 복이 임하게 될 것이다. 그리고, 천상적인 교회 역시 하늘에서 복을 누리게 될 것이다. 네 번째 제국의 배도는 더 이상 존재하지 않을 것이다. 불신앙 가운데 있는 이스라엘 사람들과 악한 자는 잘려나가게 될 것이다. 이렇게 해서 결국 유대인들의 땅은 평화롭게 될 것이다.

　이와 같이 이 세상에 심판이 펼쳐지면서 세상은 주님의 임재를 맞이할 준비가 되고, 주님은 악한 자가 찬탈했던 자신의 자리를 차지하실 것이다. 주님의 영광이 예루살렘에 나타나는 것을 본 사람들은 다른 열방에 가서 그것을 전할 것이고, 그리하여 열방의 사람들은 주님께 복종하게 될 것이다. 그들은 유대인들이 주님의 복받은 백성이라는 사실을 인정하게 될 것이며, 유대인들 가운데 남은 자들로 하여금 그들의 땅으로 돌아가도록 할 것이다. 이렇게 해서 예루살렘을 중심지로 하고 열방이 그 무대가 되는 영광의 왕국이 건설되고, 이 왕국의 축복은 사람들이 사는 곳마다 퍼져나가게 될 것이다. 이러한 왕국의 영광을 본 자들이 온 세계에 퍼져나가게 되면 사람들의 마음은 선한 뜻으로 가득 차게 되고 사람들은 하나님의 뜻과 영광에 자신을 복종시키게 될 것이다. 이 천년왕국에서는 하나님의 모든 약속들이 성취되고, 하나님의 보좌가 예루살렘에 세워지며, 이 보좌는 온 땅 사람들에게 축복의 근원이 될 것이다. 하나님의 백성들이 다시 세워지는 일은 이 세상에게는 "죽은 자로부터 생명으로 나오는" 일이 될 것이다.

이에 덧붙여 말할 수 있는 것은 이와 같은 천년왕국이 시작될 때 사단이 결박을 당하게 되기 때문에, 천년의 끝에 "사단이 잠간 놓여날" 때까지 천년왕국의 축복이 아무런 방해없이 나타날 것이라는 것이다. 하늘에서 사단이 일으켰던 반역 대신에, 지금 공중에 권세잡은 자로 있는 사단의 통치 대신에, 또한 그에게 허락된 대로 사단이 만들어 내는 혼란과 비참함 대신에, 이 때에는 그리스도와 교회가 하늘에 있을 것이며 세상의 새로운 축복의 근원과 수단이 될 것이다. 하늘에서의 통치체계는 하나님의 신실하심을 안전히 지키는 강력한 수단이 될 것이다. 영광받은 교회는 자신의 모든 약속들을 이루신 아버지 하나님의 사랑을 증거하고 우리의 연약한 마음에 가졌던 소망보다 더 낫게 이루신 아버지 하나님의 역사를 모든 사람들에게 증거하게 될 것이며, 하늘을 기쁨으로 가득 채우게 될 것이다. 세상을 향해 교회는 그 자신이 누리고 있는 은혜의 도구가 될 것이며, 세상에 복을 가져다 주는 일을 하게 될 것이다.

그러므로 여러분들이여, 눈을 들어 하늘의 예루살렘을 바라보라! 하늘의 예루살렘은 자신을 그처럼 높은 데 두신 은혜의 영광을 증거하게 될 것이다. 그 가운데에는 생명수의 강이 흐를 것이며, 거기에는 생명나무가 자라나 그 잎사귀로 열방이 치료를 받게 될 것이다. 이같이 놀라운 영광 가운데 있으면서도 이 성에는 은혜의 복된 특징이 나타나게 될 것이다.

그러는 동안에 이 땅에는 지상의 예루살렘이 있게 될 것이다. 이 도성은 이 땅에서 통치체계의 중심으로서 여호와 하나님의 의로운 통치의 중심이 될 것이다. 전에 황폐함 가운데 있을 때에는 여호와 하나님의 공의와 심판의 대상이 되었지만 이제는 그분의 보좌가 있는 자리가 될 것이며, "주를 섬기지 않는 열방과 왕국은 멸망할 것이라"는 말씀에 묘사된 것과 같이 이러한 의가 나타나는 중심이 될 것이다. 지상의 예루살렘은 새 언약의 은혜에 의해 이와 같은 영광을 누리는 가운데서, 교회가 하나님께서 아버지로서 가지신 특징을 증거하는 것처럼 하나님께서 여호와로서 가지신 특징을 증거하게 될 것이다.

"이것들을 증거하신 이가 가라사대 내가 진실로 속히 오리라 하시거늘 아멘 주 예수여 오시옵소서. 주 예수의 은혜가 모든 자들에게 있을지어다 아멘."(계 22:20,21)

미주

CHAPTER 1

1) 사단은 성경의 모든 부분이 올바른 목적으로 사용되지 못하도록 애를 쓰고 있기 때문에 사람들이 예언을 올바로 사용하지 못하도록 유도한다. 그래서 사단은 많은 사람들로 하여금 부분적으로 성취된 많은 예언구절들에 대해 그것들이 이미 완전히 성취되었기 때문에 더 이상의 성취를 기대할 필요가 없다고 믿도록 만들고 있다. 많은 주석가들은 부분적으로 성취된 아주 작은 사건들에 부적절하게 과도한 중요성을 부여한 나머지, 현재 사람들의 필요에 기여하지 못할 뿐 아니라 궁극적으로는 이스라엘 가운데서 시온의 구속을 기다리고 있는 사람들의 필요에 기여하지 못하고 있는 실정이다.

CHAPTER 2

2) 예언의 말씀은 주님의 형체가 변화됨으로 인해 더욱 더 확실해졌다.

3) 마가복음 13장에서 아들 자신도 그 날과 그 시를 알지 못한다고 말씀하신 것은 바로 이 이유 때문이 아닌가 생각된다. 왜냐하면 그리스도 자신이 여호와 하나님의 뜻의 대상이기 때문이다. 그리스도께서는 사람과 종으로 낮아지셨지만 하나님께서는 심판이 임하는 순간과 관련한 하나님의 뜻은 "내가 네 원수들로 네 발등상이 되게 할 때까지 너는 내 우편에 앉아 있으라"는 말씀에 담겨 있다. 그리스도께서는 하나님의 종으로서 아버지의 뜻을 기다리셨고(그리스도께서는 항상 그러하셨고 이것이 그분의 완전함이었다), 아버지께서 왕국을 소유하게 되실 때 그 왕국을 아버지로부터 받으실 것을 기다리셨다. 시편 110편과 마가복음 13장은 정확하게 동일한 주제를 언급하고 있다는 사실을 주목할 필요가 있다. 여기에 언급된 원

수들은 그리스도를 거절했던 유대인들을 가리킨다고 생각된다(눅 19:27).
4) 역자주: 히브리서의 기자가 누구인지 히브리서 본문에 명확히 나타나 있지는 않지만 다비는 히브리서가 바울에 의해 기록되었을 가능성이 큰 것으로 보고 있다.
5) 이것은 하늘과 땅에 있는 것들과 관련된 문제이지 불신 가운데 있는 죄인들과 관련된 문제는 아니다. 믿지 않는 죄인들은 여기서 말씀하고 있는 하늘과 땅 어느 곳에도 관련되어 있지 않다.

CHAPTER 3

6) 역자주 : 예수님께서 지상에 재림하시면 죽은 상태의 불신자가 아니라 이 땅에서 살아 있는 이스라엘과 이방인 가운데 불신자들이 심판을 받을 것이며, 지금은 인간의 죄악으로 인해 망가져 있는 만물이 주님의 주권에 의해 회복될 것이다. 죽은 자들에 대한 심판은 지상재림 이후에 전개되는 천년왕국이 끝나고 나면, 크고 흰 보좌에서 이루어질 것이다.
7) 어떤 사람들은 마가복음 13장과 마태복음 24장이 언급하고 있는 사건과 로마 제국의 타이터스 장군이 예루살렘을 멸망시켰던 사건 사이에는 어떤 면에서 유사성이 발견되기 때문에 제자들은 주님의 말씀에서 언급된 경고를 타이터스 장군의 침공사건에 적용했을 것이라고 말하기도 한다. 하지만 주님의 말씀에서 언급된 "멸망의 가증한 것이 서지 못할 곳에 선 것을 보거든"이라는 구절을 타이터스 장군의 침공 사건에 적용하는 것은 엄청난 무리가 있다. 만약 타이터스 장군이 예루살렘을 침공한 때로부터 주님이 언급하신 사건들이 시작되었다고 본다면 주님의 말씀에서 아직 성취되지 않은 사건들이 많이 있기 때문이다. 그래서 예언의 이 부분을 교황 제도에 적용하려는 시도가 있었다. 하지만 교황 제도도 타이터스 장군의 침략과 아무런 상관이 없다. 누가복음에 있는 구절은 어떻게 보면 타이터스 장군의 침공사건과 보다 많은 관련이 있는 것으로 보일지 모른다. 하지만 다시 말씀드리건대 주님이 말씀하신 내용을 타이터스 장

군의 침공사건에 적용하려는 시도는 심하게 말하자면 시간낭비에 불과한 것이다.
8) 역자주 : 다비는 이 질문을 통해, 그리스도인들 가운데 천년왕국의 시기와 관련해서 천년왕국이 먼저 있고 그후에 주님이 재림하실 것이라고 믿는 후천년주의자들이 있는데 만약 그들의 주장이 사실이라면 인간의 수명이 많이 잡아도 100세를 넘기기 힘든 상황에서 어떻게 바울이 "그리스도의 재림 때까지 우리 살아있는 자들"이라고 말할 수 있겠느냐고 논증하고 있다. 즉, 천년왕국이 먼저 있고 그 후에 주님이 재림하신다면, 바울이 데살로니가전서를 쓸 당시에 살아있던 자들은 주님의 재림 이전에 모두 죽을 것이기 때문에 바울은 그들을 향해 "그리스도의 재림 때까지 우리 살아있는 자들"이라고 말할 수 없었을 것이라는 논증이다. 우리가 문자적인 천년왕국의 실현을 믿는다면(또는 메시야 왕국이 이 땅에 건설될 것을 믿지만 문자적 천년이라기보다 단지 아주 긴 기간이 될 것으로 본다고 하더라도) 바울이 당시에 잔존수명이 불과 몇십년 남은 자들에게 "그리스도의 재림 때까지 우리 살아있는 자들"이라고 말한 것을 보면, 우리는 이러한 왕국이 주님의 재림 이후에 있을 것이라고 믿는 전천년주의자들의 견해가 성경적이라고 인정할 수밖에 없다.
9) 역자주 : 여기 언급된 대로 그리스도께서 재림하시기 전에 성령에 의한 천년왕국이 있을 것이라고 주장하는 사람들 가운데는, 문자적 천년왕국은 없고 요한계시록의 천년은 단지 상징일 뿐이며 지금 교회 시대가 바로 요한계시록에서 말하는 영적인 천년왕국이라고 주장하는 무천년주의자들과, 현재 교회 시대에 뒤이어 전 세계가 기독교화되는 천년왕국(비록 정확히 천년은 아닐지라도)이 도래하고 그 후에 주님이 재림하신다는 일부 후천년주의자들이 모두 포함되어 있다고 생각된다. 일반적으로 말해 두 부류 모두는 전천년주의자들처럼 그리스도께서 재림하신 이후에 이 땅에서 왕으로 다스리시는 문자적 천년왕국이 있을 것이라고 믿지 않고, 요한계시록의 천년은 그리스도께서 재림하시기 전에 전개되는 성령에 의한 천년왕국이라고 믿는다는 점에서 공통적이라고 할 수 있다.

10) "그의 입의 기운"이라는 표현이 갖는 의미에 대해서는 이사야 11:4, 30:33을 참조하라.
11) 고린도전서 15장과 이 구절을 비교해보면, 우리는 이 구절에서 말씀하는 그리스도의 나타남의 사건이 천년왕국의 마지막 사건이 아니라는 사실을 알 수 있다. 왜냐하면 마지막에 그리스도께서는 하나님께 그 왕국을 바치실 것인데 이 구절에서는 그리스도께서 나타나실 때 그의 왕국이 일어난다고 되어 있기 때문이다. 주님께서는 이 땅에 나타나신 후에 이 땅에서 천년동안 왕으로 다스리실 것이며, 천년의 끝에 가서 자신의 왕국을 하나님께 바칠 것이다. 그리고, 이 구절에서는 산 자에 대한 심판과 죽은 자에 대한 심판을 함께 언급하고 있는데, 우리는 살아있는 불신자에 대한 심판은 천년왕국 이전에 있을 것이고 죽은 불신자에 대한 심판은 천년왕국 이후에 크고 흰 보좌 앞에서 있을 것이라는 사실을 주의할 필요가 있다. 이 구절에서는 단지 이 두 사건을 함께 언급한 것에 불과하다.
12) 위의 말씀은 마태복음 16:28과 17:1, 마가복음 9:1-2, 누가복음 9:27-28을 설명해준다.
13) 어떤 비평가들의 역본에는 "우리"라고 되어 있지 않고 "그들(저희)"이라고 되어 있다(우리말 성경에도 '저희'라고 되어 있다-역자주). 이렇게 번역하면 오히려 이 단어가 교회가 휴거되어 이 땅을 떠나고 난 후에 이 땅에 있는 남은 자들을 가리키는 것이 더 확실해지기 때문에 우리가 가진 교리를 더욱 강화시켜준다.
14) 역자주 : 여기 언급된 대로 그리스도께서 재림하시기 전에 성령에 의한 천년왕국이 있을 것이라고 주장하는 사람들 가운데는, 앞의 각주에서 살펴본 대로 문자적 천년왕국은 없고 요한계시록의 천년은 단지 상징일 뿐이며 지금 교회 시대가 바로 요한계시록에서 말하는 영적인 천년왕국이라고 주장하는 무천년주의자들과 현재 교회 시대에 뒤이어 전 세계가 기독교화되는 천년왕국(비록 정확히 천년은 아닐찌라도)이 도래하고 그 후에 주님이 재림하신다는 일부 후천년주의자들을 모두 포함하고 있다고 생각된다.

CHAPTER 4

15) 역자주 : 모든 사람들은 죄인이기 때문에 마땅히 하나님의 심판을 받아야 한다. 하지만, 그들 가운데 예수 그리스도를 믿는 사람들은 하나님 앞에서 의롭다함을 받게 되고, 그렇지 않은 사람들은 여전히 심판 가운데 있게 된다. 이 글에서 "의인"은 이처럼 예수 그리스도를 믿음으로 의롭다함을 받은 사람들을 일컫는 표현이고, "악인"은 예수 그리스도를 거절함으로 인해 여전히 죄 가운데 있는 사람들을 일컫는 표현이다.

16) 물론 예수님이 하나님의 아들이시라는 사실이 그분의 부활에 의해서만 입증된 것은 아니다. 하지만 부활 사건은 이 사실에 대한 첫 번째이자 가장 중요한 증거가 된다. 독자들은 "죽은 자들 가운데서의 부활(resurrection from among the dead)"이라는 표현에 대해 주목하면 좋을 것 같다. 이 표현은 하나님의 능력이 사망의 영역 안으로 들어가서 누군가를 그 가운데서 끌어냄으로써 다른 이들과 완전히 구분되게 했다는 의미를 내포하고 있다. 이 표현은 제자들을 놀라게 했다(막 9:10). 부활의 사실 자체는 정통 유대인들이라면 가지고 있던 믿음이었지만, 제자들이 이해할 수 없었던 것은 이와 같이 "죽은 자들 가운데서의 부활"이 무엇인가 하는 점이었다.

17) 여기서 차이점을 주목하라. 그는 하나님께서 장차 그것을 하실 수 있다고 믿었으며, 우리는 그분께서 이미 그것을 행하셨다고 믿는다. 우리는 그분께서 이미 이루신 일을 통해 그분을 믿는 것이다.

18) 역자주 : 다비의 이러한 언급은, 성경말씀에서는 우리가 그리스도를 믿을 때 그분과 하나로 연합되었기 때문에 우리가 그분과 함께 부활했다고 말씀하고 있는데 여기서 말씀하는 부활은 우리의 몸의 부활이 아니라 영혼의 부활을 의미한다는 점을 언급한 것이다. 성도의 몸의 부활은 그리스도를 믿을 때가 아니라 앞으로 그분께서 재림하실 때 경험하게 될 것이다.

19) 디모데후서 1:10에서 "저는 사망을 폐하시고 복음으로써 생명과 썩지 아니할 것을 드러내신지라"고 말씀하고 있는데, 여기서 말씀하는 "썩지 아니할 것"은 영혼의 불멸성을 언급한 것이라기보다

는 몸의 불멸성을 가리킨 것이다.
20) 영혼의 불멸사상이 특별한 교리로서 전파된 것은 교회 내에 플라톤주의가 확산된 결과이다.
21) 역자주 : "죽은 자들 가운데서의 부활(resurrection from the dead)"이라는 표현은 다비가 앞의 각주에서 언급한 대로, 모든 사람이 한꺼번에 부활한다는 의미가 아니라 하나님의 능력이 사망의 영역 안으로 들어가서 누군가를 그 가운데서 끌어냄으로써 다른 이들과 완전히 구분되게 한다는 의미를 내포하고 있다.
22) 이 단어는 헬라어를 볼 때 "심판"을 나타내고 있다. 앞에서 본 것처럼 심판은 그리스도께 맡겨져 있다.
23) 헬라어에서 이 단어의 용례를 보려면, 요한복음 5:35, 16:4, 25, 26과 누가복음 22:53, 요한일서 2:18, 고린도후서 7:8, 그리고 빌레몬서 15절을 보라.
24) 역자주: 이 말은 다비가 이 설교를 한 1840년을 기준으로 말한 것이다.
25) 역자주 : 그리스도께서는 이 땅에 나타나셔서 살아있는 악인들을 심판하신 후 천년왕국을 세우시고 왕으로서 다스리실 것이며, 천년의 끝에 가서는 자신의 왕국을 하나님께 바치실 것이다.
26) 역자주 : 바울이 여기서 언급한 "죽은 자 가운데서의 부활"이 만약 죽은 자들이 의인이든 악인이든 모두 함께 부활하는 사건을 말한다면 굳이 원하지 않아도 모든 사람이 결국 이러한 부활에 이르게 될텐데, 바울이 어떤 값을 치르더라도 그러한 부활에 이르기를 간절히 원한다고 말한 것을 보면 이것은 악인과 의인이 함께 부활하는 사건이 아니라 죽은 자들 가운데서 의인이 먼저 일어나는 의인의 부활(첫째 부활)을 의미한다는 것을 알 수 있다는 뜻이다.

CHAPTER 5

27) 사무엘하 23장에서 우리는 "손으로 없애버릴 수 없는" 악한 자에 대한 심판과 의로 다스리게 될 분의 오심이 가져오는 아름다움과 축복에 대한 놀랄만한 예언의 말씀을 발견할 수 있다. 그분께서는

우리의 비참함 가운데서도 자신의 언약을 지키시는 데 신실하신 분이시다.

28) 역자주 : 주님이 언급하신 "이방인의 때"는 이처럼 느부갓네살의 예루살렘 점령(BC 605)으로부터 시작해서 환란기의 끝에 짐승이 예수 그리스도의 지상재림으로 멸망당할 때까지 예루살렘이 이방인의 지배 아래 있게 되는 기간을 가리킨다. 다비나 켈리를 비롯한 초기의 형제들은 이러한 기간을 "지상적 괄호(earthly parenthesis)"라고 불렀다.

29) 역자주 : 이스라엘이 오늘날까지 포로상태를 벗어나지 못했다는 다비의 언급은 이 설교를 했던 1840년 당시의 상황에서 한 말이다. 우리가 아는 대로 1948년에 이스라엘은 팔레스타인 땅에서 새로운 국가를 설립했다. 하지만 그렇다고 해서 곧바로 이방인의 때가 끝난 것은 아니었다. 예루살렘은 완전히 이스라엘의 지배하에 들어오지 못했고 예루살렘의 성전터에는 이슬람의 사원이 자리잡고 있기 때문이다. "이방인의 때"는 예수님께서 재림하실 때 짐승의 세력이 멸망당함에 따라 예루살렘에 대한 이방인의 지배가 끝나고 하나님의 보좌가 다시 예루살렘에 세워지면서 끝날 것이다.

30) 이 부분은 흠정역 등에서 보통 "던져지고(cast down)"라고 번역되어 있지만, 칠십인역과 권위있는 사본들을 통해 볼 때 "놓이고(set, placed)"라는 번역이 좀 더 정확하다(우리말성경에는 '놓이고'라고 번역되어 있다-역자주).

31) 역자주 : 신상의 다리에 해당하는 로마 제국은 당시에 존재하고 있었지만, 다리의 연장이면서도 새로운 형태인 발에 해당하는 재건될 로마제국은 당시에 존재하지 않았다.

32) 역자주: 이 짐승은 이전의 로마제국이 보다 광범위하고 강력한 모습으로 재건되는 것을 가리키며 동시에 이 제국을 지배하게 될 적그리스도를 가리키기도 한다. 적그리스도는 이 짐승을 지배하는 강력한 통치자가 될 것이기에, 적그리스도가 이 짐승이라고 할 수도있다.

CHAPTER 6

33) 역자주: 여기에 언급된 로마 제국은 앞으로 재건될 로마제국을 가리킨다. 장차 로마 제국이 영향력 있는 모습으로 재건되면 그것은 세속 권력을 장악하고 그리스도를 향해 공개적인 반역을 할 것이다.
34) 역자주 : 여기서 다비가 언급한 일반적인 심판은 그리스도께서 재림하실 때 의인이든 악인이든 모든 죽은 사람이 동시에 부활하여 심판을 받는다는 생각을 가리킨다. 하지만 의인의 부활과 악인의 부활 사이에는 천년의 기간이 놓여 이다.
35) 역자주 : 다비가 앞에서도 말했듯이 이 설교에서 교회의 배도에 대해 언급할 때의 교회는 진실로 구원받은 그리스도의 몸으로서의 교회를 말하는 것이 아니라 이 땅에서 기독교의 형태를 가진 전체 기독교계를 가리킨다.
36) 역자주 : 이러한 사실은 요한계시록 17장에서 짐승이 음녀를 망하게 하는 모습으로 묘사되어 있다.
37) 역자주 : 다비가 이 설교를 행했던 때가 1840년이었음을 생각해 보면, 유대인들이 자신들의 땅에 돌아와 이스라엘을 건국하기 약 100년 전쯤에 다비가 성경의 예언말씀으로부터 이러한 사실을 미리 말할 수 있었다는 사실이 놀라울 따름이다. 다비가 이 사실을 미리 말할 수 있었던 것은 구약성경의 예언을 문자적으로 이해한 결과이며, 우리는 이를 통해 다른 예언 구절들도 문자적으로 이해할 필요가 있다는 사실을 배울 수 있다. 또한 이스라엘이 건국된 것을 보고 우리는 이 시대의 끝이 정말로 가까이에 이르렀다는 사실을 기억하고 경성해야 한다.
38) 역자주 : 다비의 이러한 언급은 성경의 예언구절(특히, 구약의 예언)이 말씀하고 있는 사실로부터 핍박 가운데 있는 우리들이 위로를 받을 수는 있겠지만 그렇다고 해서 그러한 예언들(특히, 구약의 예언들)이 교회에 직접적으로 적용된다고 생각해서는 안된다. 지상에서 일어날 일들에 대해 예언하고 있는 성경구절의 정확한 적용은 이스라엘과 관련해서 성취될 것임을 분명히 해야한다.
39) 이 말은 사단의 고소하는 힘이 예수 그리스도의 보혈과 사역으

로 인해 무력화되었다는 뜻이다.

40) 역자주 : 사단이 하나님의 자리를 차지하려고 반역했다가 타락함으로써 하늘에서 자신의 지위를 상실한 것은 사실이다. 하지만 사단은 지위를 상실했음에도 천상의 회의에 참석하기도 하며 거기에서 욥과 같이 신실한 성도들을 참소하고 있음을 보게 된다. 그리고, 하늘에는 여전히 사단의 영향력 아래 있는 악한 영들이 존재하고 있다. 이를 통해 볼 때 사단은 아직 완전히 하늘에서 추방된 것이 아님을 알 수 있다. 따라서, 다비는 요한계시록 12장에 있는 것처럼 하늘의 전쟁에서 사단이 패배하여 땅으로 내어쫓기게 되는 사건은 아직 발생한 적이 없는 미래의 일이라고 이해하고 있다.

41) 용이 자신의 머리에 면류관을 쓰고 있는 모습은 주목할 필요가 있다. 요한계시록 13장의 짐승도 자신의 뿔에 면류관을 쓰고 있다. 마지막 짐승이 자신의 열 뿔에 면류관을 쓰고 있는 모습에 대해서는 의문의 여지가 없다.

42) 역자주 : 이 세 짐승들은 다니엘 7장에 나오는 사자(바벨론 제국), 곰(메대-바사 제국), 표범(헬라 제국)을 가리킨다.

43) 요한계시록에 나오는 거짓 선지자가 마호멧트인 것은 아니다. 마호멧트는 "첫 번째 짐승의 권세를 가지고 그 앞에서 행하더니"와 같이 행한 적이 없기 때문이다.

44) 역자주 : 우리는 그 동안의 역사를 볼 때, 세속 권력 안에서 큰 권세를 행사했다고 다비가 언급한 존재가 바로 부패한 교회 권력임을 알 수 있다.

45) 헬라어의 원래 의미대로 하자면 요한계시록 17:8의 끝부분이 "그리고 여전히 있는(and yet is)"이 아니라 "그리고 앞으로 존재하게 될(and shall be present)"이라는 뜻을 갖고 있다. 이렇게 번역하면 불가타역에 있는 역설이나 모순이 사라지게 되고 의미가 분명해진다.

46) 이 구절을 해석할 때 사람들은 보통 여기서 사도 바울은 "파루시아(parousia)"와 "히메라(heemera)"를 같은 의미로 사용했고 그래서 이 두 단어를 서로 번갈아가면서 사용했다고 생각한다. 그런

데, "파루시아"는 "현존(presence)"을 의미하는데, 성경에서 이 단어를 사용할 때 "이 땅에 나타난다"는 의미로 사용되지 않았다. 반면에, "히메라"는 "날(day)"을 의미하며 구약 성경에서 항상 "심판"과 관련되어 사용되었다. 이 구절에서 바울은 주님의 공중재림을 의미하는 파루시아와 주님의 지상재림을 의미하는 주의 날을 대조적으로 사용하고 있다. 위의 본문은 "내가 여러분께 구하는 것은 주님의 강림하심과 우리가 그에게 모이는 것에 관련하여 마치 그 날이 이미 이른 것처럼 동요하지 말라는 것입니다."라고 말하고 있다.

47) 역자주 : 바로 위에서 언급되었듯이, 주님께서는 이러한 기간을 "이방인의 때"라고 부르셨다(눅 21:24). 이 기간은 이방인이 예루살렘의 지배권을 차지하고 있는 기간을 가리킨다. 즉, 이 기간은 바벨론의 느부갓네살에 의해 예루살렘이 멸망했을 때부터 페르시아와 헬라, 로마 제국(재건될 로마 제국 포함)을 거치면서 주님께서 지상에 재림하셔서 적그리스도를 멸망시키실 때까지의 기간을 가리킨다. 다비나 켈리를 비롯하여 Brethren의 초기 형제들은 이 기간이 이전의 이스라엘 왕국이 이방제국에 의해 멸망당하고 장차 그리스도께서 왕으로 다스리시는 이스라엘 왕국(메시야 왕국, 천년왕국)이 이 땅에 세워질 때까지 그 사이에 괄호처럼 존재한다는 의미에서 이러한 기간을 일컬어 "지상적인 괄호(earthly parenthesis)"라고 불렀다. 이 기간 중에는 그리스도와 연합된 천상적 교회가 출현해서 계속 진행되다가 이 땅에 대환란이 오기 직전에 이 땅으로부터 휴거되며, 그 후에 이 땅에는 대환란이 전개되고 세속권력인 짐승의 반역이 일어나게 될 것이다.

48) 역자주 : 적그리스도에 대해 다비는 그를 이 땅의 세속권력을 장악하게 될 존재라기보다는 그리스도의 영적인 사역을 부인하게 될 존재로 보았으며, 그런 의미에서 다비는 세속권력인 짐승(또는 짐승을 지배하게 될 여덟 번째 머리)보다는 이 종교적인 면에서 하나님께 대항하고 짐승을 섬기도록 이적을 행하게 될 두 번째 짐승(거짓 선지자)이 이러한 적그리스도의 성격에 더욱 부합하다고 보았다. 예언에 나타난 적그리스도의 성격에 대한 다비의 견해를 보다 자세

히 살펴보려면 그가 쓴 "Enquiry as to the Antichrist of prophecy"
라는 글을 읽어보라.

CHAPTER 7

49) 역자주 : 여기서 언급된 이 지점은, 율법수여와 함께 시작되었다가 지금 우리가 살고 있는 시기로 이어져 있는 "이 세대"가 끝나고 주님께서 이 땅에서 왕으로 다스리시게 될 "오는 세대"(천년왕국)가 시작되는 지점을 가리킨다. 즉, 이 지점은 이 세대가 끝나고 오는 세대로 연결되는 전환기를 가리킨다.

50) Hale가 쓴 "Analysis of Chronology", vol 1, pp.352,357을 참조하라.

51) 10번째 설교의 각주를 보라.

52) 에스겔에 나오는 곡과 요한계시록에 나오는 곡과 마곡을 구분해야 한다.

53) 역자주 : 여기서 다비는 남방 왕이 등장했다고 볼 수 있는 당시의 정세에 대해 구체적으로 언급하고 있지는 않다. 구체적인 상황에 대한 분별은 개인마다 약간씩 차이가 있을 수 있다. 다비가 이 설교에서 당시의 주변 정세를 해석한 내용도 나중의 역사를 통해 볼 때 정확하게 맞지 않는 부분이 있을 수도 있다. 하지만 중요한 것은 하나님의 예언이 문자적으로 반드시 성취될 것이라는 사실이다. 따라서 우리가 주변의 정세를 통해 하나님께서 말씀하신 예언의 성취가 가까움을 인식하고 주님의 재림을 대비하며 깨어 있어야 한다. 물론, 다비가 언급하고 있듯이 일상생활을 등한히 할 정도로 주변 정세에 너무 과도한 관심을 쏟거나 주변정세의 의미를 너무 성급하게 단정하는 것은 지혜로운 일은 아닐 것이다.

54) 우리는 이것이 사실임을 알고 있다. 즉, 우리는 이 거룩한 곳에 대한 다툼이 동방에서 일어났던 많은 전쟁의 원인이 되어 왔다는 사실을 알고 있다. 예루살렘은 모든 국민들에게 무거운 짐이 되고 있다(슥 12:3).

55) 마태복음 25장에서 말하는 심판이 최후의 심판(즉, 모든 죽은

사람들이 부활하여 심판받는 일반적인 심판)을 말한다고 많은 사람들이 생각해 왔다. 하지만 이러한 생각은 실수이다. 이것은 죽은 사람들이 아니라 이 땅에 살아있는 열국들에 대한 심판을 말한다. 부활의 사실에 대해서는 이견이 없지만, 이방인들에 대한 심판과 관련해서는 여러 가지 의견들이 있다. 유대인들에게 무슨 일이 생길지에 대해서는 마태복음 24장에 언급되어 있다. 그리고 나서, 믿는 자들 (또는 적어도 그리스도를 믿는다고 고백하는 자들)에게 무슨 일이 생길지가 언급되어 있고, 그리고 나서는 이방인들의 운명이 언급되어 있다. 이방인들에 대한 심판은 죽은 자들이 아니라 살아 있는 자들에 대한 심판을 가리킨다(죽은 자들에 대한 심판은 천년왕국이 끝난 후 크고 흰 보좌에서 집행될 것이다-역자주). 우리가 이것이 살아 있는 자들에 대한 심판이라고 말하는 것은 "모든 민족을 그 앞에 모으고 각각 분별하기를 목자가 양과 염소를 분별하는것 같이 하여"라고 말씀하고 있기 때문이다. 이 심판이 죽은 자들에 대한 심판이라고 생각하는 사람들은 "저희는 영벌에, 의인들은 영생에 들어가리라"는 말씀을 근거로 제시한다. 하지만 이 말씀은 살아있는 자들에 대한 이 심판이 죽은 자들에 대한 심판처럼 최종적인 것이라는 사실을 나타낼 뿐이다. 하나님께서 심판하실 때는 그 대상이 죽은 자들이든지 살아 있는 자들이든지 간에 의인들은 결국에 영생으로 들어가고 악인들은 결국에 영벌로 들어가게 된다. 살아 있는 자들에 대한 심판도 죽은 자들에 대한 심판과 같이 확정적이다.

CHAPTER 8

56) 역자주 : 교회를 "은혜 세대"로 보는 오늘날의 많은 세대주의자들과 달리, 다비를 비롯한 초기의 형제들은 교회가 천상적인 백성으로 부름받고 있는 지금의 시기를 지상에서 펼쳐지는 세대의 하나로 구분하지 않았다. 다비는 사람들이 흔히 사용하는 관용적인 의미로 "은혜의 세대(경륜)"라는 말을 사용하기도 했지만, 엄밀하게 볼 때 다비는 교회가 그리스도와 연합하여 함께 하늘에 앉아 있기 때문에 지상의 세대에 포함될 수 없다고 말했다. 다비를 비롯한 초기의

Brethren은 이스라엘이 왕이신 그리스도를 거부하면서 지상왕국의 건설이 미래로 미뤄졌고, 그 때까지 교회가 그 사이에 "괄호"로서 존재하면서도 이 땅의 세대에는 포함되지 않고 "천상적"인 부르심을 받고 있다는 의미에서 교회를 "천상적인 괄호(heavenly parenthesis)"로 보았다. 물론 천상적 괄호인 교회를 지배하는 원리가 은혜라는 사실에는 변함이 없다.

57) 역자주 : 다비는 종종 사람들이 흔히 말하는 대로 관용적인 의미에서 우리가 지금 살고 있는 시기를 이방인의 시대(세대)라고 부르기도 했다. 하지만, 이러한 표현이 다비가 오늘날의 세대주의자들처럼 교회를 이전의 율법세대를 종결시킨 후 이어지는 새로운 세대로 보았음을 의미하는 것은 아니다. 앞의 각주에서 보았듯이 다비를 비롯한 초기의 형제들은 엄밀히 말해서 그리스도의 몸된 교회는 하나님의 경륜에서 볼 때 지상의 세대의 하나로 볼 수 없다고 말했다. 그들은 그리스도의 몸된 교회를 천상적인 괄호로 보았다.

58) 역자주 : 이 글에 등장하는 "통치체계"라는 표현은 원문의 government를 번역한 것이며, 오늘날 삼권분립에 기초한 입법부나 사법부와 구별되는 행정부 개념이라기보다는 하나님께서 이 땅에서 인간을 "통치"하시는 경륜적인 질서와 체제, 또는 그것을 실현하기 위한 조직을 의미한다.

59) 역자주 : 홍수로 인해 세상 모든 사람들이 멸망했고 홍수 이후에 통치체계(government)라는 원리가 이 땅에 도입되었다는 이유로 다비는 홍수 이전의 시기를 엄밀한 의미에서 지상의 세대로 보지 않았다.

60) 역자주 : 앞의 각주들에서 말한 것처럼 다비는 다른 사람들이 흔히 사용하는 관용적인 의미로 "세대(dispensation)"라는 표현을 사용한 적이 자주 있었고(이 글에서도 그렇다) 그런 의미에서 노아의 홍수 이전 시기에 대해서도 위의 본문에서처럼 종종 세대라는 표현을 사용했다. 하지만 엄밀하게 볼 때 다비는 노아의 홍수 이후에 "통치체계(government)"의 원리가 이 땅에 도입되면서 비로소 세대가 시작되었다고 말했다. 즉, 다비는 노아의 홍수 이전 시기를 하

나의 세대로 보지 않았다.
61) 역자주 : 아브라함에게 무조건적인 약속이 주어지고 나서 나중에 주어진 율법이 그전에 아브라함에게 주신 무조건적 약속의 현세적 내용을 무효화시킬 수 없다는 논증을 가리킨다.
62) 이것은 조건과 상관 없이 약속들에 적용된다. 신명기 9:5,27, 10:15을 보라. 미가서 7:19-20에서는 아브라함에게 주신 동일한 약속들이 예언적인 소망을 이루고 있다. 신실한 이스라엘 백성이었던 시므온(눅 2:25)은 이스라엘이 가질 수 있는 확신의 근거로서 이 약속들을 기억했다. 이스라엘은 이러한 약속을 근거로 해서 하나님의 신실하심을 의지할 수 있었다.
63) 역자주 : 이스라엘 백성이 조건적 언약을 어겼기 때문에 마땅히 모두에게 심판을 내려야 하지만, 하나님께서는 자신의 절대주권을 통해 은혜를 베푸셨다.
64) 역자주 : 하나님께서 이스라엘과 맺으신 세 번째 언약은 시내산에서 주어졌다가 이스라엘의 금송아지 숭배로 바로 폐기되었던 첫 번째 언약, 이러한 첫 번째 언약이 파기된 후 모세를 중보자로 해서 주어진 두 번째 언약에 이어, 모압 땅에서 이스라엘의 출애굽 2세대들과 맺어진 언약을 가리킨다.

CHAPTER 9

65) 시드기야의 날까지 예루살렘에는 다윗을 위하여 등불이 보존되기는 했지만, 하나님께서 친히 세우셨던 솔로몬이 실패하자 그 결과 심판이 그에게 임했다.
66) 역자주 : 므낫세는 부친 히스기야가 헐어버린 산당을 다시 세우고 바알을 위한 단을 쌓았으며, 여호와의 전 마당에 일월성신을 위한 단을 쌓고 가증한 일을 행하는 박수를 선임했으며, 아세라 목상을 성전에 세웠다.
67) 만약 시온이 교회라면 시온과 관련해서 모든 사람들이 모이는 것은 교회가 모이는 것이고 하늘과 땅의 기쁨은 교회의 기쁨이라고 해야 할 것이다. 그렇다면 이것은 말이 안되는 이야기가 된다. 하지

만 우리가 시온을 문자적인 성읍으로 이해한다면 이 장에서 언급하고 있는 대로 모든 사람들이 모이는 일은 아주 분명하게 이해될 수 있다. 하나님께서는 시온이 축복의 중심이 될 것이라고 말씀하시며, 하나님께서는 시온을 잊을 수 없다고 말씀하신다.

68) 역자주 : 영어성경을 문자적으로 보면 '너희 아버지들'로 되어 있다.

69) 역자주 : 다비가 제네바에서 하나님의 교회의 소망을 주제로 이와 같은 설교를 한 때는 1840년이므로, 다비는 그 때를 기준으로 하여 주님께서 승천하신 후 대략 1,800년 정도가 지났다고 말한 것이다.

CHAPTER 10

70) 우리는 헤일스(Hales) 박사가 쓴 "Analysis of Chronology", vol. 1, p.379로부터 구스의 후손들이 유프라테스강이 흘러 들어가는 페르시아만에 위치해 있으면서 "구스의 땅"이라고 불렸던 추시스탄(Chusistan) 또는 수시아나(Susiana)로부터 시작해서 아라비아를 거쳐 홍해에 이르기까지 그리고 나일강 너머 아프리카까지 자신들의 거주지를 확장시켜 나갔다는 사실을 알 수 있다. 따라서 구스의 강들은 나일강과 유프라테스강을 가리킨다. 헤일스 박사는 같은 책의 355페이지에서 니므롯의 후손들이 앗수르에 정착했으며 "하나님과 같은 구스 사람들"을 의미하는 추스딤(Chusdim)으로 불렸다는 사실을 언급하고 있다.

71) 역자주 : 세계 각지에 흩어져 살고 있던 유대인들은 제1차 세계대전이 한창이던 1917년 영국의 벨포어 선언을 통해 전쟁이 끝난 후 팔레스타인에서 유대 국가의 건설을 약속받았고, 2차 세계대전 후에는 UN총회에서 팔레스타인에서 이스라엘과 아랍이 개별적으로 국가를 설립하도록 결의함에 따라 팔레스타인에서 영국의 위임통치가 끝난 후 1948년 5월 14일 드디어 이스라엘 국가의 성립을 선포하였다. 위의 본문에서 알 수 있듯이 다비는 1840년에 이뤄진 제네바 설교에서 이스라엘이 자신의 땅으로 돌아올 것이라는 구약의 예언

이 문자적으로 성취될 것이라고 미리 밝히고 있다. 우리는 이 설교 이후의 역사를 통해 하나님께서 실제로 이 예언을 문자적으로 이루셨음을 확인할 수 있으며, 이스라엘에게 주신 구약의 다른 예언들도 영해(靈解)해서 오늘날 교회에 영적으로 적용시킬 것이 아니라 그 예언들이 문자적으로 성취될 것으로 믿어야 한다.

CHAPTER 11

72) 땅의 해방에 대해서는 이 장이 아닌 다른 곳에서 찾아볼 수 있다.

73) 역자주 : 히브리서 본문에 히브리서의 기자가 명확히 나타나 있지는 않지만, 다비는 히브리서가 바울에 의해 쓰여졌을 가능성이 크다고 이해한 것으로 보인다.

74) 역자주 : 다비는 대홍수 이전에는 이 세상에 "통치체계"가 없었기 때문에 적절한 의미에서 "세대(dispensation)"라 부를 수 없고, 대홍수 이후에 이 땅에 "통치체계"가 도입되면서 비소로 세대가 시작되었다고 말했다.

75) 이것은 원리적으로 볼 때 사실이다. 하지만 비유적으로 볼 때 룻이라는 인물은 은혜 아래서 인도함을 받은 이스라엘의 남은 자를 보다 직접적으로 가리킨다고 할 수 있다.

76) 역자주 : 이러한 일은 7년 환란기의 끝에 주님께서 이 땅에 재림하셔서 적그리스도를 멸하시고 이 땅에 사는 유대인들과 이방인들 가운데 주님을 믿지 않은 많은 사람들을 심판하시게 될 사건을 가리킨다.

형제들의 집 도서 안내

1. 조지 뮐러 영성의 비밀
   조지 뮐러 지음/이종수 옮김/값 1,000원
2. 수백만을 감동시킨 사람을 감동시킨 바로 그 사람: 헨리 무어하우스
   존 A. 비올리 지음/이종수 옮김/값 1,000원
3. 내 영혼의 만족의 노래
   W.T.P 월스톤 지음/이종수 옮김/값 1,000원
4. 모든 일을 하나님의 영광을 위하여 하라
   해리 아이언사이드 지음/이종수 옮김/값 1,000원
5. 잃어버린 영혼을 위해서 어떻게 기도해야 하는가
   오스왈드 샌더스, 찰스 스펄전 지음/이종수 옮김/값 1,000원
6. 윌리암 켈리의 로마서 복음의 진수
   윌리암 켈리 지음/이종수 옮김/값 5,000원
7. 이것이 거듭남이다
   알프레드 깁스 지음/이종수 옮김/값 8,000원
8. 존 넬슨 다비의 영성있는 복음
   존 넬슨 다비 지음/이종수 옮김/값 5,000원
9. 로버트 클리버 채프만의 사랑의 영성
   로버트 C. 채프만 지음/이종수 옮김/값 5,000원
10. 영성을 깊게 하는 레위기 묵상
    C.H. 매킨토시 외 지음/이종수 옮김/값 5,000원
11. 존 넬슨 다비의 성경주석: 빌립보서
    존 넬슨 다비 지음/이종수 옮김/값 5,000원
12. 존 넬슨 다비의 히브리서 묵상
    존 넬슨 다비 지음/정병은 옮김/값 9,000원
13. 조지 커팅의 영적 자유
    조지 커팅 지음/이종수 옮김/값 4,000원
14. 윌리암 켈리의 해방의 체험
    윌리암 켈리 지음/이종수 옮김/값 3,000원

15. 존 넬슨 다비의 성경주석: 골로새서
존 넬슨 다비 지음/이종수 옮김/값 7,000원
16. 구원 얻는 기도
이종수 지음/값 5,000원
17. 영혼의 성화
프랭크 빈포드 호올 지음/이종수 옮김/값 1,000원
18. 당신은 진짜 거듭났는가?
아더 핑크 지음/박선희 옮김/값 4,500원
19. C.H. 매킨토시의 완전한 구원
C.H. 매킨토시 지음/이종수 옮김/값 4,600원
20. 존 넬슨 다비의 하나님의 뜻을 분별하는 법
존 넬슨 다비 지음/이종수 옮김/값 1,000원
21. 존 넬슨 다비의 성경주석: 요한계시록
존 넬슨 다비 지음/이종수 옮김/값 10,000원
22. 주 안에 거하라
해밀턴 스미스, 허드슨 테일러 지음/이종수 옮김/ 값 1,000원
23. C.H. 매킨토시의 하나님의 선물
C.H. 매킨토시 지음/이종수 옮김/값 4,000원
24. 존 넬슨 다비의 성경주석: 에베소서
존 넬슨 다비 지음/이종수 옮김/값 8,000원
25. 존 넬슨 다비의 영적 해방
존 넬슨 다비 지음/문영권 옮김/값 7,000원
26. 건강하고 행복한 그리스도인이 되는 법
어거스트 반 린, J. 드와이트 펜테코스트 지음/ 값 1,000원
27. 존 넬슨 다비의 성경주석: 로마서
존 넬슨 다비 지음/문영권 옮김/값 12,000원
28. 존 넬슨 다비의 성화의 길
존 넬슨 다비 지음/이종수 옮김/값 4,500원
29. 기독교 신앙에 회의적인 사랑하는 나의 친구에게
존 넬슨 다비 지음/이종수 옮김/값 5,000원

30. 이수원 선교사 이야기
　　　　　　　더글라스 나이스웬더 지음/이종수 옮김/값 4,500원
31. 체험을 위한 성령의 내주, 그리고 충만
　　　　　　　　조지 커팅 지음/이종수 옮김/값 4,500원
32. 존 넬슨 다비의 성경주석: 갈라디아서
　　　　　　　　존 넬슨 다비 지음/이종수 옮김/값 4,800원
33. 존 넬슨 다비의 성경주석: 요한서신서 · 유다서
　　　　　　　　존 넬슨 다비 지음/문영권 옮김/값 8,000원
34. 존 넬슨 다비의 성경주석: 데살로니가전 · 후서
　　　　　　　　존 넬슨 다비 지음/이종수 옮김/값 8,000원
35. 그리스도와의 연합과 구원(성경공부교재)
　　　　　　　　　　　　　문영권 지음/값 2,500원
36. 그리스도와의 연합과 성화(성경공부교재)
　　　　　　　　　　　　　문영권 지음/값 3,000원
37. 사도라 불린 영적 거장들
　　　　　　　　　　　　　이종수 지음/값 7,000원
38. 당신은 진짜 하나님을 신뢰하는가
　　　　　　　　조지 뮬러 지음/ 이종수 옮김/값 4,500원
39. 그리스도와 연합된 천상적 교회가 가진 영광스러운 교회의 소망
　　　　　　　존 넬슨 다비 지음/ 문영권 옮김/ 값 13,000원